MÉRY illustré par **G. STAAL**
GRAVURES DE JAHIER ET LALY.

LA
COMTESSE HORTENSIA

Prix : 1 fr. 10 centimes

PUBLIÉ PAR GABRIEL ROUX

VIALAT ET Cie, ÉDITEURS ET IMPRIMEURS
À Lagny (Seine-et-Marne)

LIBRAIRIE CENTRALE DES PUBLICATIONS ILLUSTRÉES
A 20 CENTIMES
5, rue du Pont-de-Lodi

PARIS — 1855

Œuvres illustrées de Méry.

La comtesse ne bouge pas de son divan.

LA COMTESSE HORTENSIA

PRÉFACE.

Les histoires que les romanciers racontent et qui sont vraies, par conséquent, si elles représentent d'après nature les passions et les pays, ne peuvent pas toujours être circonscrites dans le département de la Seine, ainsi que semble l'exiger le goût presque universel des lecteurs. Il y a dans le monde d'autres horizons que ceux de Meudon et de Montmartre, et il devrait être permis à l'historien de conduire ses héros sous un autre ciel que le brouillard de Paris. Le temps est venu où *un auteur, à genoux dans une humble préface*, doit demander pardon à ses lecteurs de les conduire en Italie. Encore l'Italie ! s'écrie-t-on bientôt de toutes parts. L'Italie est considérée en général comme un pays épuisé, parce qu'il a été, en cinquante ans, le théâtre d'une douzaine d'histoires. Tout est dit sur cette péninsule. Deux auteurs allemands, qui abhorraient la mer, le catholicisme et le soleil, ont moissonné dans cette terre tous ses fruits, toutes ses fleurs. Goethe s'est écrié, à propos de l'Italie : *Il est un pays où naît l'oranger !* Ce qui supprime toute description ultérieure. Aussi on a souvent déploré l'aveuglement de ceux qui osent parler de l'Italie après cette phrase de Goethe. Un autre auteur illustre et étranger a épuisé l'Italie avec cette strophe : *O terre des arts et de la liberté ! tu n'es plus qu'un beau cadavre. Quand seras-tu consolée, ô Niobé des nations ?* M. Dupaty a fait un vaudeville en prose sur l'Italie, M. de Lalande quatre volumes inconnus, M. Richard un in-octavo pour les hôtels garnis. Un illustre écrivain a aimé véritablement l'Italie, mais il n'a écrit sur Rome que quelques pages admirables, pour ne pas décourager les autres : c'est M. de Chateaubriand. Les romanciers célèbres, nos contemporains, ont presque tous dédaigné l'Italie. Le chef-d'œuvre des épopées a été écrit par un homme de génie autour de Notre-Dame de Paris. Un des écrivains les plus spirituels, les plus originaux, les plus

LAGNY. — Imprimerie de VIALAT et Cie.

passionnés de l'époque, Léon Gozlan, a même fait éclater un accès de délicieuse mauvaise humeur contre les cités italiennes; et cette explosion de verve et de raillerie puissantes a trouvé des échos. Alexandre Dumas est le seul Parisien qui soit excessivement ultramontain; il connaît mieux l'Italie que son hôtel de la rue Richelieu; il a semé sur elle tous les trésors de son esprit inépuisable et de sa merveilleuse imagination. Pourtant, ceux qui ne se lassent jamais de lire les histoires que Dumas raconte avec tant de grâce, d'éclat et de gaieté, se plaignent, par intervalles, d'être forcés de rentrer en Italie, à la suite du charmant voyageur; tandis que, depuis le *Doyen de Killerine* jusqu'en 1843, jamais un seul lecteur ne s'est plaint de voir commencer trente mille histoires avec cette phrase, ou une autre du même genre : *Par une belle, mais froide matinée de janvier, un étranger se promenait sur le boulevard Montmartre avec une certaine agitation*. Moi-même j'ai employé ce début dans une nouvelle, et cela m'a réussi. On m'a affirmé que j'avais été lu. Celui qui aura le malheur de faire la centième histoire commençant par ces mots: *Par un beau soir de juin, sous les orangers de la villa Fiani*, sera maudit et déchiré.

L'Italie mériterait bien d'obtenir au moins cent fois l'honneur qu'on a accordé aux rues Montmartre et Saint-Denis, à une époque toute récente, lorsque Paris, aujourd'hui si beau, était la plus inhabitable ville du globe. L'Italie a des charmes qu'on retrouve difficilement ailleurs; elle a un soleil d'abord, chose assez rare en Europe; elle a deux mers véritables, qui ne sont pas des Océans gris et invisibles, elle a les originaux des paysages de Poussin, de Salvator Rosa et de Léopold Robert; elle a des villes pleines de statues, de tableaux, de jardins, d'églises, de fontaines, de ruines; et dans ces villes chaque minute trouve un remède à son ennui; elle a les passions de son climat; elle vous donne de beaux horizons pour votre berceau, une terre harmonieuse, odorante et chaude pour votre vie, et des marbres charmants pour votre tombe. Que peut-on demander de plus à un pays? Au reste, qu'il soit permis aux hommes du Midi de profiter des dernières heures poétiques laissées à l'Italie par notre siècle industriel et ravageur. Bientôt la terre de Saturne subira le sort commun : il y aura un chemin de fer sur la voie Appia; on établira des comptoirs de marbre dans la Strada Balbi, des usines à Tibur, des manufactures à Villa-Pamphili, un gazomètre dans le Colysée, un télégraphe sur le Vésuve, un corps-de-garde sous le laurier de Virgile, un observatoire sur le tombeau d'Adrien, des filatures sur le Tibre. et à la cascade de Terni, un octroi dans le temple de la Sibylle, une fonderie dans les Thermes de Titus et de Caracalla, une école des arts et métiers à Herculanum; les gondoliers de Venise chanteront les vaudevilles du Gymnase, les paysannes d'Aricia prendront le costume des fermières de Meudon et les Italiens parleront anglais et boiront du thé vert. Hâtons-nous d'écrire, le Vésuve va s'éteindre et la vapeur menace notre péninsule d'une épidémie de volcans.

———

I.

LES PERSONNAGES.

Sur la place de l'Annonciade, à Gênes, il est fort agréable, le dimanche, quand la soirée est belle, d'assister à la sortie des vêpres. Je voudrais bien pouvoir définir le charme qu'on éprouve à regarder, en détail et tout à la fois, ce tableau vivant, la grande nef de l'église, avec ses superbes colonnes de marbre rose; la vapeur d'encens et de cire éteinte qui flotte et voile le sanctuaire; l'ombre mystérieuse des nefs, et l'éblouissant éclat du soleil sur les édifices extérieurs; les joies de la religion et les joies du monde, associées avec cette grâce italienne qui n'exclut rien et embellit tout. Il y a toujours là des jeunes gens dont les regards cherchent quelque chose dans des groupes mondainement dévots, lorsqu'à la sortie, les lames des éventails tombent devant de frais visages surpris par le soleil, comme les persiennes devant les odalisques aux croisées du harem.

La foule de ces oisifs et de ces curieux était encore plus grande que de coutume le dernier dimanche de mai de l'année 1833. Le nombre des dames était encore plus considérable, et il était facile de deviner, à la longue file des équipages stationnés devant le palais Mari, que le beau sexe aristocratique de Gênes avait assisté aux vêpres à l'Annonciade.

Il y eut dans les groupes de jeunes gens un vif mouvement de curiosité indiscrète, lorsqu'une dame qui paraissait fort belle dans tout l'ensemble de sa personne, sortit de l'église et fit un signe d'éventail à son cocher au moment où celui-ci s'avançait avec sa calèche découverte. Un monsieur, d'un âge mûr, donnait le bras à cette dame, et il laissa percer sur son visage un éclair de mécontentement lorsque la voiture s'éloigna et que sa charmante compagne exprima le désir de rentrer à pied en traversant la *Strada Balbi*.

Deux jeunes gens avaient suivi tous les mouvements de la dame de la calèche avec une attention plus particulière.

L'un était le comte Fabiano Val di Nota, un riche seigneur fort à la mode dans la société génoise, fort estimé à cause de ses rentes, fort redouté à cause de son audace, ayant d'ailleurs toujours sur les lèvres l'étincelante malignité de ses yeux gris. Son visage, empreint d'une distinction dédaigneuse, portait une arme à double tranchant : la parole et le regard. Il avait dans sa démarche l'allure fière et décidée de l'homme qui court à un but en écrasant l'obstacle; et lorsque dans un salon il agitait, au milieu d'une discussion, les boucles de ses cheveux d'ébène et l'arc délié de sa moustache, un chœur général d'éloges donnait raison à tous ses torts.

Le comte Fabiano avait attaché à sa orageuse fortune un de ces êtres cosmopolites, toujours prêts à se mettre, comme lune, au service du premier soleil venu. Ce satellite franco-italien se nommait Octavien d'Oropeza. Il avait voyagé partout, et ne comptait pas encore trente ans. Sa figure ronde et fraîche annonçait un cœur plein d'insouciance et vierge de passions sérieuses; une de ces organisations qui n'exploitent dans le monde que des plaisirs sans conséquence; un de ces hommes auxquels il ne manque, pour jouir d'une haute réputation de probité, que des immeubles vierges d'hypothèques et bien établis au soleil.

Le comte Fabiano arrondit gracieusement son bras, et salua la belle dame et son cavalier. Une molle inflexion de la tête et un sourire divin répondit à ce salut. Le monsieur regarda Fabiano par-dessus les lunettes d'or et n'ôta son chapeau qu'à demi; mais il ne reconnut pas Fabiano.

— Ce vieux et riche marquis, dit Fabiano, a pris un excellent métier pour avoir le droit de se moquer des gens impunément.

— Quel métier? demanda Octavien.

— Il s'est mis dans la police secrète; il appartient à *buon-governo*. C'est un poltron qui a voulu se faire protéger par son métier.

— Nous le respecterons celui-là.

— Comme on respecte le diable quand on ne sait pas faire le signe de la croix.

— Parlons bas, comte Fabiano, ces façades de marbre sont des nids d'échos.

— Octavien, c'est la première fois que tu vois cette femme?

— Oui, Fabiano.

— Comme la trouves-tu?

— Quelle demande me fais-tu là!

— Adorable! adorable!.. As-tu entendu dire que j'étais en grande faveur auprès d'elle?

— On disait cela chez Michel, hier, à table, entre voyageurs.

— C'est un bruit accrédité... mais il est faux...

— Tu le démentiras donc...

— Pourquoi le démentir?... d'ailleurs le monde n'aime pas qu'on démente une calomnie.

— Il a raison le monde: que lui resterait-il, si l'on démentait tout ce qu'il dit?

— Ah! mon cher Octavien, il paraît que tu t'es fait vertueux! Sur quelle herbe as-tu marché en venant de Rome?

— Sur la pierre nue, mon cher Fabiano; j'ai fait ma route à pied, par les Apennins, comme un homme qui n'a pas le sou.

— Je serai ton banquier, comme toujours.

— Mais je t'admire aussi, toi, Fabiano; tu passes pour être l'ami de cœur de cette dame, et tu te défends de cela comme d'un crime, devant moi!

— Devant toi, tu as raison. S'il faut que tu me serves, il faut bien que tu saches l'exacte vérité! Voilà toute ma vertu; je t'attendais pour dresser mes batteries.

— Je comprends. Crois-tu que la conquête sera difficile?

— C'est une femme...

— Cela te coûtera-t-il cher?

— Ma fortune ou rien.

— Fabiano, tu ne changeras jamais!

— Jamais. La vie d'un homme riche doit être une perpétuelle chasse aux femmes. Celle-ci, cette grande dame qui marche devant nous, je crois que je suis en train de faire la sottise de l'aimer... N'ouvre pas tes grands yeux, mon cher Octavien. Oui, je sens que l'amour s'en mêlera... et quel amour!

— Fabiano, tu parles à un nouveau débarqué; j'arrive de Rome hier matin, je ne connais encore la femme dont nous parlons que par un trois-quart de visage que j'ai saisi au vol. Est-elle fille, femme, veuve, Génoise, étrangère, voyageuse?

— En deux mots je vais te dire le peu que je sais. Ma tante, la marquise de Grimaldini, est une des bonnes amies de cette dame, c'est chez ma tante que je l'ai connue. Elle est de Varsovie; son mari a été tué à la prise de cette ville, dans la dernière insurrection contre les Russes; elle est venue à Gênes se réfugier chez une vieille parente de sa mère, madame Gesualda Braschi, dont tu vois d'ici la maison, entre la petite rue San-Ciro et le palais Serra. Notre belle Polonaise est proscrite, son nom même est proscrit; on ne la connaît dans le monde que sous le nom de la comtesse Hortensia. Elle a un caractère charmant, un esprit d'ange, une gaieté qui lui fait oublier son exil, sa proscription et son veuvage; elle va de l'église au bal comme une Italienne, elle s'habille comme une comtesse de Paris, elle prie comme une sainte, elle valse comme un lutin, elle est belle sous le lustre comme au soleil. Aux beaux jours de Gênes, Van Dick l'aurait peinte, Philippe Carlone l'aurait sculptée, Perino del Vaga l'aurait étendue dans une fresque au palais Doria sous le nom d'Amphytrite, et l'architecte Tagliafico lui aurait ciselé une montagne de marbre pour son palais. Maintenant, Octavien, tu comprends mon amour.

— A peu près.

— Prenons un air indifférent; elle rentre chez elle; n'ayons pas l'air de la remarquer, à cause de son redoutable cavalier.

Quoique le pas des deux jeunes gens fût dans ce moment d'une lenteur affectée, pour donner le temps à la comtesse de rentrer, la belle dame était encore sur le seuil de sa porte lorsque Fabiano et Octavien passèrent.

Une voix harmonieuse, qui semblait sortir d'une amphore d'albâtre et verser des notes d'or sur les marbres de la Strada Balbi, fit entendre distinctement ces mots:

— A ce soir donc, à bord du *Cambrian*.

Le comte Fabiano entraîna rapidement son ami, par San-Ciro, dans l'étroite et déserte rue San-Lucca, et lui dit en se frappant le front:

— Le diable m'emporte! j'avais oublié le bal du *Cambrian*! Ceci était évidemment à mon adresse. C'est un rendez-vous donné avec un à-propos merveilleux. Il n'y a qu'une femme qui trouve ces choses-là. Oui, le capitaine Hamilton donne ce soir un bal sur *le Cambrian*. Nous y serons. Octavien, tu viens de la voir dans toute la simplicité d'un négligé d'église, mon adorable comtesse! Elle a prouvé à toutes nos Génoises que la beauté s'accommode fort bien de quelques aunes de mousseline, d'un réseau de paille de riz et d'un petit collier de jais, laissant tomber la plus modeste des croix sur la neige du sein. Eh bien! tu la verras ce soir dans sa radieuse transfiguration au bal du *Cambrian*. Tu as vu la femme, tu verras la divinité.

La porte s'ouvrit et se referma ; la comtesse disparut, et les regards de ceux qui passaient s'attachèrent tristement sur la place où elle n'avait laissé que son cavalier.

Celui-ci paraissait contrarié de l'attention publique fixée sur lui ; il hésita quelque temps, puis il traversa la rue et entra dans l'église Saint-Charles, pour donner le temps aux curieux de s'éloigner. Cet homme jouissait à Gênes d'une excellente réputation ; il était aimé à cause de sa justice et de sa piété ; on citait ses services rendus aux familles ; la veuve et l'orphelin n'avaient pas un plus ardent défenseur que lui : veuf depuis dix ans, il aurait pu prétendre, malgré son âge mûr, à quelque riche établissement, et de brillantes offres lui avaient été ménagées par de nobles entremetteuses de mariages ; mais on disait que tous ses goûts s'étaient tournés du côté de la religion et que le monde n'avait plus d'attrait pour lui ; il partageait sa journée entre les cérémonies de l'Église et les importants devoirs de sa charge. A ce portrait, il ne manque plus que le nom du marquis Antonio Viani.

Au tomber du jour, les canots à la voile et à la rame s'envolaient déjà du quai Saint-Christophe vers la rade, où *le Cambrian* était à l'ancre, immobile sur une mer calme, et ressemblait à une île noire ombragée de mâts. La ville de Gênes avait donné une fête au commandant Hamilton, le destructeur des pirates de l'Archipel, et, ce jour-là, le commandant donnait un bal pour remercier la ville.

On avait épuisé les parterres de la villa Negroni et de la villa Pallavicini, pour décorer *le Cambrian*. Les canons portaient à leur bouche une immense cocarde de fleurs ; les guirlandes de dahlias et de roses couraient en ellipse autour des bastingages et s'élançaient en spirales à la pointe des mâts. Les tissus de Perse tendus de la pointe des vergues à la proue et à la poupe, donnaient au pont du vaisseau la physionomie d'un bazar d'Ispahan ; des échelles de fleurs, aux larges degrés de velours, pendaient sur les flancs du navire, et l'orchestre du *Carlo-Felice*, aligné sur l'estrade de la dunette, envoyait déjà ses stridentes provocations à la danse par-dessus la ville, jusqu'au dôme de Carignan, par-dessus la mer, jusqu'aux portiques du palais Doria.

On arrivait au joyeux appel du *Cambrian* du côté du port et du côté de la montagne. Les cloches de toutes les collines de Gênes sonnaient en chœur l'*Angelus* du soir ; le soleil s'éteignait au fond du golfe de Ligurie ; et le bal commençait avec cette furie italienne qui ne redoute que le repos, et veut dévorer toutes les minutes de la plus courte des nuits. Il y avait déjà dans l'air cette suavité inexprimable qui réjouit les sens, et accompagne toujours les fleurs, les femmes, la musique et la mer ; les mille fanaux du *Cambrian* rallumaient le jour ; le pont du navire semblait illuminé par un admirable clair de soleil ; on aurait dit que l'astre, en se couchant, avait laissé, par galanterie, son dernier rayon aux dames de Gênes. Autour du *Cambrian*, la mer paraissait plus sombre que dans les autres nuits. On ne distinguait que l'ombre colossale du phare qui élevait son fanal rouge à cent mètres au-dessus du môle, et ressemblait à un cyclope accouru de la *Montagne du Géant*, pour regarder le bal.

Un canot pavoisé aux armes de Gênes accosta le navire, et le commandant traversa rapidement le pont pour recevoir les nouveaux venus.

Le marquis Antonio Viani monta l'échelle le premier, et se retourna pour donner la main à une jeune dame, qui, sans accepter la main offerte, s'élança du sommet de l'échelle sur le pont, avec une légèreté de gazelle, ce qui fit sourire le marquis Viani et le commandant.

Au même instant, un jeune homme qui s'était tenu à l'écart, assis sur un canon déguisé en divan, se leva et compta quelques pas avec lenteur vers les nouveaux venus : c'était le comte Anatole de Mersanes.

Le mouvement qu'il fit, quoique accompagné d'une certaine réserve, fut remarqué par quelques personnes ; d'ailleurs ce voyageur était un de ces jeunes hommes qui attirent forcément les regards dans les grandes réunions, et que l'attention évaporée de la foule sait distinguer. M. de Mersanes, pourtant, ne devait pas ce privilége à de brillants avantages physiques, tout était simple en lui, maintien et costume. Sous l'incarnat passager que le soleil et la mer donnent aux voyageurs, son visage avait cette pâleur nerveuse et virile qui annonce la santé du corps et la maladie de l'âme, et met dans un relief merveilleux l'ébène de la chevelure et la flamme des yeux noirs. La distinction fière de ses traits et de son regard, paraissait appartenir beaucoup plus à l'intelligence de l'artiste qu'à la noblesse de la naissance ; il y avait dans tous les mouvements de sa tête et de son torse, cette souplesse gracieuse, et cette aisance d'ondulation qui se retrouvent chez tous les hommes sûrs d'eux-mêmes, forts par le bras et par la pensée ; chez tous les hommes énergiquement organisés qui ont sondé de bonne heure le mystère de la vie, et qui ne redoutent rien parce qu'ils attendent tout.

La jeune dame polonaise excita dans le bal un long murmure d'enthousiasme ; les femmes furent ravies de sa toilette, les hommes admirèrent sa grâce et sa beauté. Elle portait une robe de crêpe velouté couleur lilas de Perse, à taille allongée en pointe sur le devant, avec une ceinture à cordelières de perles, ses manches courtes, ornées sur chaque épaule d'un nœud de satin léger comme des ailes de papillon, laissaient à découvert l'ivoire des bras, coulé dans le moule de la Vénus d'Arles ; son collier de diamants, de perles et de rubis s'éclipsait devant l'éblouissant éclat de ses yeux, de ses lèvres et de son sein ; sa chevelure opulente, tournée en couronne, se divisait sur les tempes en deux nattes et laissait tomber avec elles une double grappe d'acacia rose, légère comme des plumes de colibri. Une grâce suprême se révélait dans tous les détails de cette parure, et sous chaque pli de l'étoffe, sous chaque joyau, sous chaque fleur, l'aisance et la vie se faisaient sentir et ravissaient tous les yeux. Aussi lorsque la comtesse parut, toutes les sensations délicieuses qui venaient du ciel italien, de la musique, du parfum de la mer et des fleurs, toutes les exquises émotions de cette nuit de fête semblèrent arriver avec cette femme et lui appartenir : elle fut reine sans rivale au milieu d'un peuple d'adorateurs.

Le comte Fabiano et son ami Octavien d'Oropeza suivaient de près la jeune et belle dame étrangère, en affectant de montrer qu'ils étaient de sa suite ; puis ils s'assirent sur deux coussins de velours, liés à l'affût d'un canon, pour ne pas irriter le marquis Viani dont la mauvaise humeur avait toujours un terrible lendemain contre ceux qui la provoquaient.

— Octavien, dit Fabiano, personne ne peut nous entendre ici ; ces canons de vingt-quatre sont sourds et muets, et le bruit du bal et de l'orchestre domine nos paroles. Écoute, Octavien, j'ai fait une découverte ; ce vieux inquisiteur est amoureux de la belle comtesse.

— Je le crains, dit Octavien, mais je ne le crois pas.

— Et moi je le crois et je ne le crains pas. Ce vieux marquis est dévot comme un pilier de San-Lorenzo ; il baisse la tête devant une femme, selon le précepte que saint Paul donnait aux Corinthiens ; il se parfume d'encens et de cire jaune, il a été canonisé de son vivant à Gênes, sans que l'avocat du diable ait pris la peine de parler contre lui ; et voilà que tout à coup mon coquin s'éprend d'une violente passion pour les pompes du monde : il court les théâtres et les bals, il se fait le chevalier servant d'une jeune femme qui damnerait un séraphin en cheveux gris, il soigne sa toilette, il met un masque égrillard sur sa face de sacristain, il marche le jarret tendu sur la pointe des pieds ; enfin, tantôt, lui, qui n'a ordinairement que du latin du roi David à la bouche, il a roucoulé à l'oreille de la divine comtesse ces vers de Pétrarque :

Benedetto sia il giorno, il mese, e l'anno! etc.

Ainsi, tu le vois, Octavien ; si ce vieux inquisiteur n'est pas amoureux de cette femme, je veux que tu m'emportes à l'enfer, comme un diable que tu es. Qu'en dis-tu ?

— Maintenant je le crois et je le crains. C'est le plus dangereux de tous les rivaux.

— Pas plus dangereux qu'un autre, Octavien.

— Lui ! un homme qui peut nous chasser de Gênes d'un seul trait de plume et d'un signe de doigt.

— Bah ! s'il est Génois, je suis Sicilien ; s'il est chat, je suis tigre. Nous jouerons au plus fin ; avec mes griffes je ne crains pas ses pattes. Vois quel air charmant d'étourderie et d'insouciance je prends auprès d'Hortensia lorsqu'elle me parle ! as-tu remarqué avec quelle adresse, devant ce Viani, je supprime mon visage la rêverie de l'amoureux, pour le sourire de l'indifférent ! Je défie cet inquisiteur, avec son œil de lynx, de prendre un seul de mes muscles en défaut. J'ai étudié mon corps depuis la pointe des pieds jusqu'à la cime des cheveux ; quand je regarde le ciel, je puis mesurer le pli qui se fait à ma cheville ; quand je regarde la terre, je sais combien de rides je donne à mon front. Fabiano dépisterait cent inquisiteurs comme Viani !.. Cet homme-là est taciturne, mais les hommes qui ne parlent pas ont tous quelque marotte de prédilection sur laquelle ils parlent beaucoup. Je découvrirai la marotte du marquis Viani : je l'ai classé ; il appartient à une étrange espèce d'individus. C'est un homme spécial : il a tout juste l'intelligence qu'il faut pour faire son métier ; ôtez-le de sa profession et de ses bureaux, c'est un sot. Je vais me mettre à la recherche de ses manies, et je les lui divinerai. Avec ces gens-là, on ne doit jamais craindre d'exagérer, l'éloge de l'adulation : le vent de l'amour-propre fait tant de bruit à leurs oreilles, que la flatterie la plus hyperbolique arrive à leur épiderme avec la légèreté modeste d'un compliment... Eh bien ! qu'as-tu donc, Octavien ? Tu ne m'écoutes pas... Qu'examines-tu avec cet air d'excommunié ?

— Je regarde ce jeune homme qui cause avec Viani et notre belle Polonaise. Connaissez-vous ce jeune homme, Fabiano ?

— Non... c'est une figure d'étranger.

— Je le connais, moi ; c'est un Français ; c'est le comte Anatole de Mersanes.

— Il est pâle comme une sibylle et triste comme un cyprès.

— Je le crois bien, Fabiano ; je voudrais savoir si tu conserverais ton teint et ta gaieté après l'accident qu'il a subi à Sorrente...

— Quel accident a-t-il subi ?

— Il est mort l'an dernier, rien que cela.

— Quel conte de nourrice me fais-tu, Octavien ?

— Ce n'est point un conte ; je te jure sur l'honneur...

— Octavien, je ne te crois pas ; change de serment.

— Fabiano, j'ai connu à Naples cet Anatole de Mersanes, je l'ai vu dans le monde ! il m'est impossible de me méprendre. J'ai assisté, comme témoin, à la lecture de son testament : il a laissé vingt mille francs de rente, en bons herbages de Touraine, à une vieille dame nommée Virginie Debard. J'ai essayé de vouloir épouser cette femme à cause de ses vingt mille francs de rente ; je lui ai fait une cour assidue de trois jours à Montbazon, dans le domaine que lui a laissé feu Anatole de Mersanes ici présent, et puis j'ai reculé à l'idée d'épouser soixante ans incarnés sous une couronne de cheveux gris.

— Poltron !

— J'ai même conduit une fois la vieille femme au cimetière de Montbazon, où elle a fait élever par reconnaissance, une pyramide en miniature, tronquée par économie, et portant cette inscription : *A la mémoire du comte Anatole de Mersanes, mort à Sorrente, le 11 juin 1831. Qu'il repose en paix !..* Est-ce clair cela ?

— Très-clair ! mon ami Octavien d'Oropeza ; seulement tu peux te tromper sur l'identité du personnage ; cependant à force de le regarder, ce garçon-là n'a pas l'air d'un vivant. Le voilà maintenant qui se penche du côté de la mer avec la grâce funèbre du saule pleureur. Octavien, puisque tu l'as connu à Naples, va renouer connaissance avec lui ; tu n'auras pas tous les jours l'occasion de causer avec un mort dans un bal.

— Je le veux bien ; suis-moi.

Les deux jeunes gens marchèrent vers le groupe formé par la comtesse Hortensia, M. de Mersanes, le marquis Viani et le commandant Hamilton.

Octavien d'Oropeza se posa lestement devant le comte Anatole et, lui tendant la main :

— Je ne me trompe point, lui dit-il, c'est bien à M. Anatole de Mersanes que j'ai l'honneur de parler?

Le jeune comte fixa ses yeux de flamme dans les yeux d'Octavien, et présentant sa main avec lenteur et répugnance, il fit un signe de tête affirmatif.

— Vous souvenez-vous de moi, dit Octavien ; vous rappelez-vous Octavien d'Oropeza?

Anatole baissa les yeux sur le pont, les éleva au ciel, caressa son front avec sa main, et dit :

— Ce nom m'est inconnu.

— Au reste, cela importe peu, ajouta Octavien en riant ; on rencontre tant d'étrangers en Italie, qu'il faudrait un *memorandum* tout exprès pour eux dans une case du cerveau. J'avais à remplir un devoir auprès de vous, monsieur le comte ; je suis chargé de rappeler à votre souvenir madame Virginie Debard, de Montbazon.

Anatole de Mersanes ne fit paraître aucune émotion ; il s'inclina poliment comme pour remercier, et tout fut dit.

Un prélude de contredanse partit de l'orchestre. Le comte Anatole présenta la main à la belle étrangère, et la conduisit au quadrille.

Fabiano et Octavien restèrent à l'écart.

— Oh! c'est bien mon mort! dit Octavien ; je croyais ne le revoir qu'à la vallée de Josaphat.

— Il ne me manquait plus, dit Fabiano, que d'avoir un rival dans l'autre monde.

— La belle comtesse a traversé quelque cimetière, elle a ressuscité un mort, en marchant.

— Oh! elle est bien capable de ce tour!.. Quel rival tu me découvres là, mon cher Octavien!

— Bah! nous l'écraserons comme un autre.

— Fanfaron! enseigne-moi le secret de tuer les morts.

II.

UN BAL A BORD DU CAMBRIAN.

Le commandant Hamilton, accoudé sur le cabestan, causait avec le marquis Viani, à une assez grande distance du quadrille où la comtesse dansait avec M. de Mersanes.

Fabiano étudia le terrain avec la distraction apparente de la bête fauve, qui ne regarde jamais le point qu'elle menace. Derrière M. de Mersanes et sa danseuse, la toile de Perse, tendue sur les quadrilles, descendait verticalement comme une tapisserie sur un mur, et s'agrafait par le bout aux porte-haubans.

Fabiano descendit dans l'entre-pont, de l'air ennuyé d'un homme qui cherche un siége de repos loin de la foule ; et sortant par un sabord, il grimpa sur les bastingages avec l'agilité d'un chat qui s'élance d'une croisée de mansarde sur les gouttières. Bientôt il ne fut plus séparé du quadrille de la comtesse que par une mince cloison d'étoffe. Dans cette position, il entendit facilement un de ces entretiens entrecoupés de silence et à phrases interrompues, brisées et reprises comme on en fait au bal.

— Oui, madame, disait Anatole, depuis que je vous ai vue de loin, à Villa-Pamphili, sous les grands pins de la prairie, et devant la grille de la chapelle du Chœur, à Saint-Pierre, le mercredi saint, j'espérais avoir le bonheur de ne plus vous revoir.

— C'est charmant, ce que vous dites là, monsieur! répondait la comtesse avec un éclat de rire ; vous me ferez adorer la galanterie française.

— Que vous êtes heureuse, madame, d'avoir ce trésor de gaieté inépuisable et un sourire toujours prêt à éclater!

— Ah! monsieur, les visages sombres m'ont dégoûté de la tristesse. On est bien laide quand on est triste ; il faut être belle au bal sous peine de ne pas danser.... Attention à votre vis-à-vis, monsieur le comte.

Et l'entretien fut un instant interrompu.

Après la figure :

— Pardonnez-moi, madame, dit le comte de Mersanes, l'indiscrétion de ma demande ; comptez-vous faire un long séjour à Gênes?

— Probablement. J'aime beaucoup cette ville. Ma mère était Génoise, et elle adorait son pays. Il faut toujours aimer ce que notre mère a aimé.

— Vous n'avez pas fait un long séjour à Rome?

— Oh! ne me parlez pas de Rome! C'est un cimetière et un nid de lézards, c'est une ville qu'on ne peut pas habiter, à moins d'être pape. Quelle horreur de pays! Tout y est vieux, tout y est noir. Les monuments vous donnent leurs rides. Au bout de huit jours on devient Colysée ou Panthéon. Il y a sur les murailles des teintes qui se reflètent sur vos fronts, et qui ne s'effacent plus. Pas l'ombre d'un bal. Les statues seules y dansent sur des bas-reliefs. Il faut être Bacchante ou Ménade, et avoir un thyrse à la main, et sortir d'une carrière de marbre pour figurer dans un bal au Vatican! Ne me parlez pas de cette ville, au nom des dieux!

— Madame, vous donneriez de la gaieté aux ruines, et la vie à une tombe. Vous avez donné un sourire à mon front ; j'aurais voulu le retenir, ce sourire, parce qu'il venait de vous.

— Mais quel plaisir, monsieur, trouvez-vous à cette vie de désolation que vous menez à travers l'Italie? Je vous ai vu à Villa-Pamphili ; vous comptiez les feuilles de nénuphar dans les bassins. Je vous ai vu à Saint-Pierre ; vous étiez blotti dans la cannelure d'un pilastre, comme Jérémie écoutant ses lamentations le vendredi saint. Je vous revois dans un bal, et vous gémissez encore, quand l'orchestre vous joue en contredanse le sextuor de la *Cenerentola!*

— Ah! madame! si vous saviez!..

— Eh bien! instruisez-moi, je saurai.

— Aujourd'hui!.. à cette heure, madame! à peine aurais-je le temps de vous dire trois mots...

— Eh! monsieur! trois mots souvent disent beaucoup ; il n'y a qu'à bien les choisir.

— Si je ne craignais pas de vous offenser, le choix serait fait. Toute chose qui vient du cœur, adressée à Dieu ou à la femme, se résume en trois mots.

— Je n'ai pas le temps de deviner des énigmes, monsieur; le bal tue la réflexion.
— Puis-je espérer, madame, de vous revoir?
— A une condition, monsieur.
— Laquelle?
— A condition que vous déposerez à la porte de mon salon votre tristesse de Villa-Pamphili, du mercredi saint, et du bal du *Cambrian*; à condition que vous aurez le caractère des jeunes gens de votre pays. Acceptez-vous?
— Je prendrai un masque pour vous plaire, madame.
— Je déteste les masques, je n'aime que les visages.
— Eh bien! madame, je mettrai un visage sur mon masque.
— Très-bien! voilà déjà quelque chose qui ressemble à une plaisanterie. Vous vous formerez. Je serai d'ailleurs charmée de vous recevoir au palais Braschi, chez ma noble tante. C'est une maison de joie et de fête. Vous y trouverez des amis. Vous vous lierez avec le comte Fabiano Val di Nota, un jeune seigneur charmant, élevé à Paris; un aimable fou qui vous donnera de la gaieté malgré vous. Il n'est jamais venu chez moi; mais je le ferai inviter par ma tante au premier bal. C'est que, monsieur le comte, je m'intéresse vivement à vous, parce que vous êtes Français, et je ne veux pas vous voir dévorer par la tristesse. Mon Dieu! quelle doit être votre mélancolie quand vous êtes seul, puisque vous êtes sombre comme Dante au milieu d'un bal!
— Je vous remercie, madame, de l'intérêt que vous me témoignez. Heureux le comte Fabiano Val di Nota! il vous inspire, lui, d'autres sentiments que cette compassion vulgaire qui est accordée avec une générosité touchante aux êtres souffrants! Heureux les fous qui savent donner par leur esprit un sourire éternel à votre divin visage! Moi, j'ai reçu du ciel un de ces caractères mal faits qui provoquent la mauvaise fortune par une tristesse sans motifs, et qui éprouvent ensuite une atroce volupté lorsque les malheurs fondent sur eux et justifient leur tristesse. Vous voyez maintenant, madame, si je puis me déguiser et entrer dans votre société avec le titre de fou en second. J'aime mieux me dévoiler à vous tel que je suis. S'il vous faut un nuage dans l'azur de votre maison, je serai heureux d'être accueilli chez vous, madame, et d'assister à vos joies et à vos fêtes comme le cercueil aux festins des Égyptiens.
— Ah! monsieur! dit la comtesse en donnant un léger coup d'éventail sur le bras de son danseur, ceci est trop fort! je vous arrête; vous vous faites trop noir. Nous sommes au bal, et non au *Campo-Santo*. Nous allons pleurer en mesure, si vous continuez. A votre âge, monsieur, n'avez-vous point de honte d'être vieux?
— Ecoutez, madame...
— Nous voilà seuls, monsieur; veuillez bien me donner la main et me reconduire à ma place.
Le commandant Hamilton, le marquis Viani et Octavien d'Oropeza paraissaient attendre la fin de la contredanse, auprès du divan de la comtesse Hortensia. Le commandant racontait sa campagne contre les pirates de l'Archipel, et ses deux auditeurs, ne prêtant qu'une attention fort distraite à ce récit, suivaient tous les mouvements du comte Anatole et de sa belle danseuse.
— Commandant Hamilton, rien n'est beau comme votre bal, dit la comtesse, en reprenant sa place à son divan : tout le monde élégant de Gênes est à votre bord, et si vous leviez l'ancre, nous pourrions continuer le bal dans la Méditerranée jusqu'à l'hiver prochain.
— Il n'est rien que je ne puisse faire pour obliger madame la comtesse, dit le commandant.
— C'est que madame aime le bal avec fureur, dit le marquis Viani.
— Avec fureur, dit la comtesse; le marquis connaît mon goût. La vie devrait être un bal perpétuel. Au bal, tout est oublié; le bruit des pieds et de la musique donne à la tête un étourdissement délicieux; le bal enivre comme l'intempérance d'un festin. On habite un monde nouveau, un monde meilleur par conséquent; on s'exalte du délire des autres; on s'enflamme des passions de ses voisins : c'est un tourbillon de feu où chacun étincelle, et qui vous emporte dans l'inconnu. Otez le bal de cette terre, et la vie ne vaut pas la peine d'être prise au sérieux.
— Je viens rappeler à madame la comtesse que la vie est un bal perpétuel jusqu'à demain, dit le comte Fabiano, j'ajouterai que j'ai l'honneur d'être son danseur au premier coup d'archet.
— Marquis Viani, dit la comtesse en se levant, je vous confie mon éventail et mon bouquet; vous m'en répondez sur votre tête, n'est-ce pas?
— Madame, dit le comte Fabiano, en conduisant sa belle danseuse au quadrille, je vous annonce une fâcheuse nouvelle : vous êtes menacée par une conspiration de tous les officiers du *Cambrian*. Ils ont résolu de danser avec vous, depuis le Midshipman jusqu'au *Post-Captain*.
— Eh bien! comte Val di Nota, je danserai avec eux.
— Vingt-sept contredanses, madame!
— Tant mieux!
— Avec des danseurs anglais?
— J'ai dansé avec les Allemands, c'est plus fort.
— Madame, c'est le courage polonais appliqué au bal. Je vous admire. Vous n'échapperez pas non plus à l'engagement du marquis Viani.
— Oh! le marquis Viani a donné sa démission de danseur.
— Quel homme ennuyeux! C'est effrayant de penser que ce marquis est obligé de passer toute sa vie avec lui-même! Comme il lui sera facile de mourir!
— Il a un cœur excellent, comte Fabiano.
— Je ne connais pas son cœur, madame...
— Mais vous connaissez son esprit!
— Oui, comme on connaît un absent.
— Comte Fabiano, vous avez inventé la médisance.
— Non, madame; j'ai le courage d'exprimer la pensée des poltrons.
— Comte Fabiano, nous sommes sur le sol anglais; n'abusons pas de notre position...
— Pour vous plaire, madame, j'adorerai le marquis Viani... Comment trouvez-vous le bal, madame?
— Superbe!

— Il n'y manque, je crois, que des jolies femmes, des danseurs et des toilettes.

— Oh! vous êtes injuste, comte Fabiano!

— Toutes mes antipathies génoises sont ici. Voilà un trio de femmes, devant le cabestan, qui défigurerait à lui seul un bal de madones et de séraphins. La contessina de M*** qui s'est fait corriger son corps par sa robe, et qui se serre les lèvres pour nous prouver qu'elle a des dents. Elle a pourtant fait une bonne chose dans sa vie...

— Ah! voyons.

— Elle a toujours oublié d'aimer son mari... Je vous signale à sa droite madame Antonina de C***, qui a obligé un rosier à couronner sa tête, et qui ment à ses amoureux dans chaque pli de ses étoffes.

— On dit qu'elle a posé pour les bras devant le sculpteur Bartolini à Florence...

— Oui, madame, c'est un bruit qu'elle fait courir... Vous connaissez sa voisine, la marquise D***; c'est une femme qui naquit pour être homme, elle a nommé son mari ambassadeur à Saint-Pétersbourg, et elle vit dans la plus profonde retraite à la cour de Turin l'hiver, et aux bals des vaisseaux l'été. A ceux qui s'étonnent de ce qu'elle n'a pas suivi son mari en Russie, elle répond que le climat du Nord l'épouvante, et qu'elle s'enrhume en prononçant le nom de Saint-Pétersbourg.

— Comte Fabiano, vous allez passer en revue toutes les dames du bal?.

— Eh! mon Dieu! le bal, je crois, n'a été inventé que pour faire de la médisance en musique. C'est bien froid de médire sans accompagnement. C'est un *libretto* sans orchestre.

— Je voudrais bien savoir, comte Fabiano, ce que vous dites de moi avec accompagnement d'altos et de bassons!

— Je dis, madame, que celui qui ne vous adore pas est un athée en amour; que le salon d'or et de lapis-lazuli du palais Serra n'est pas digne d'honorer la poussière de vos pieds; que le palais Durazzo devient chaumière quand vous l'humiliez d'un seul rayon de vos yeux; que toutes les mélodies de Rossini ne valent pas un son de votre voix, que tout l'éclat du soleil italien n'est que la sombre nuit de votre beauté. Je dis que l'homme qui toucherait votre âme mérite les peines de l'enfer par compensation, et que j'attends de votre bouche la faveur d'être damné.

— Ah! vous dites cela?

Ces quatre mots furent dits par la comtesse avec une grâce railleuse qui glaça Fabiano.

Le jeune comte sicilien se mêla quelques instants aux mouvements du quadrille; et reprenant sa place auprès de sa danseuse, il dit avec lenteur, et en appuyant sur chaque mot:

— Et vous, madame, que dites-vous?

— Moi, monsieur, je dis que je ne veux damner personne...

— Pas même moi?

— Personne, monsieur.

— Vous damnerez le marquis Viani.

— Ah! voici la calomnie, comte Fabiano! Le marquis Viani me tient lieu de père; c'est un ami et un protecteur. Son dévouement n'a pas de bornes; vous le voyez; il passe la nuit au bal pour moi.

— Je connais mon Viani par cœur; quand il a rendu des services, il tend la main pour être payé.

— Comte Fabiano, vous ne pouvez plus médire, l'orchestre ne vous accompagne plus.

— Permettez, madame, que je vous reconduise à votre fauteuil de vingt-quatre, batterie n° 1.

— Vous êtes bien léger, comte Fabiano! je vous envoie droit en paradis.

— J'espère, madame, que vous m'arrêterez en chemin.

Le comte Fabiano prit le bras de son ami Octavien d'Oropeza, et l'entraîna vers la proue du vaisseau.

— Mon ami, lui dit-il, nous sommes à un bal masqué de démons; cette femme sort de l'enfer; c'est une énigme de chair et de satin; elle m'épouvante! Je tremble à son ombre comme un écolier. Si ce n'est pas un démon qui a changé sa chair boucanée à la flamme contre l'épiderme savoureux d'une comtesse de vingt-quatre, c'est une statue de marbre, froide et glacée comme un bloc de Carare; c'est une déesse de Philippe Carlone, échappée de la galerie Doria; elle a volé la chevelure noire de quelque Génoise du Lerbino, et une robe de la modiste de San-Luca; elle s'est animée au soleil de ce pays, et elle vient nous ravager à l'église et au bal! Quelle atroce dérision! il n'y a pas une fibre humaine dans cette femme! pas une étincelle au fond de ce cœur! En deux mois, j'ai tout tenté auprès d'elle; je suis aussi avancé que le premier jour!

— Deux mois, comte Fabiano!

— Ne m'en parle pas: la rougeur de la honte couvre mon front! J'ai joué tous les rôles; je la croyais dévote, je me suis fait dévot; je la croyais mondaine, je me suis fait mondain; je la croyais jalouse, j'ai déchiré toutes les femmes! Tantôt, derrière la tapisserie, elle a parlé de moi avec éloge à ce fantôme de M. de Mersanes; cela m'a enhardi; j'ai risqué une déclaration... Elle m'a tué sur place avec trois mots, trois mots qui m'ont blessé au cœur comme un poignard triangulaire!

Et le Sicilien, en parlant ainsi, déchirait sa poitrine avec une rage concentrée. Son ami n'osait lui répondre. Fabiano continua.

— D'où diable vient cette femme? Les maris meurent quelquefois tout exprès pour laisser des veuves qui les vengent! Encore qui peut affirmer que c'est une veuve! A la fin de toute guerre l'univers se trouve peuplé de veuves de généraux! Je suis fou! je sens que j'aime cette femme d'un amour intraitable! La lave de mon compatriote l'Etna s'est rallumée dans mon cœur sicilien!... Regarde mes mains, mon ami; elles gardent l'empreinte des mains de cette femme! et cela me glace et me brûle tout à la fois! Il n'est pas un pli de mes habits qui ne garde un souvenir d'un pli de sa robe de bal! et cela me fait frissonner comme si j'allais mourir; et cela m'exalte comme si je ressuscitais d'entre les morts!

Il se tut un instant, et ses yeux plongèrent dans les quadrilles du bal.

— Et maintenant! maintenant! s'écria le comte,

Alors Anatole exaspéré s'est arraché violemment des mains de l'actrice.

je ne pourrai plus la ressaisir un seul instant, cette femme! Elle appartient à tout ce monde, excepté à moi!... La voilà relancée dans le bal! elle a des sourires pour tous ses danseurs!... Octavien, observe-la: elle ne daignera pas jeter un regard à droite ou à gauche pour découvrir où je suis! Je n'ai pu lui donner un instant de distraction !... Elle danse! elle danse! heureuse! fière! triomphante! adorée!... Il y a autour d'elle des passions inexorables qui grondent... Elle danse! elle danse! la joie est dans ses yeux et sur ses lèvres! Tout ce qu'elle avait de terrestre a disparu; elle est au ciel!.. Démon!

— Calme-toi, Fabiano, disait Octavien; tu as besoin de tout ton sang-froid. Mes yeux ne sont pas voilés comme les tiens; j'y vois clair dans cette nuit; calme-toi, Fabiano.

— Je suis calme, Octavien; calme comme cette mer hypocrite avant la tempête! je vois tout ce que tu vois... je vois une fête enivrante; une fièvre de plaisir qui embrase le navire même et le fait palpiter sur l'abîme; un orchestre qui verse des notes fulminantes sous les pieds des danseuses; un nuage de cheveux et de dentelles, un tourbillon de têtes d'anges; une furie de volupté qui éclate dans tous les regards. Toutes les passions italiennes, tous les vices de cette Gênes sensuelle ont pris un corps, une âme, un nom, et se sont donné rendez-vous à ce bal. Est-ce que je ne vois pas tout, Octavien?

— Non, Fabiano, non.

— Éclaire-moi, Octavien.

— Tu ne vois pas ce spectre, immobile devant le quadrille de la comtesse...

— Le comte de Mersanes?

— Oui... il y a un échange rapide de regards entre elle et lui.

— Impossible, Octavien!

— Ouvre les yeux, Fabiano.

— Mes yeux sont ouverts; il n'y a que des ténèbres devant moi; je ne vois que la nuit... Le bal est-il éteint, Octavien?

— Fabiano, il est plus brillant que jamais... Calme-toi! tu te perds; point d'imprudence, enragé Sicilien!.. Si le commandant remarque ton agitation folle, il te fera jeter à la mer comme un forban.

— Femme folle! elle n'a jamais eu une larme pour son pays! pas un souvenir! Une veuve de Varsovie qui danse sur des tombeaux!

— Fabiano, tu te perds! il y a des espions ici, le marquis Viani les a déguisés en honnêtes gens. Tu te perds, Fabiano!

— Elle dansera jusqu'à midi! avec toute l'escadre, si l'escadre vient l'engager!... Octavien, je ne puis pas rester ici une minute de plus... Quel beau rôle pour moi! assister au triomphe des autres! et moi, oublié... Oh! je veux courir comme un fou au dénoûment de cette histoire qui me tue à sa première nuit! Que m'importent les inutilités intermédiaires! je voudrais retrancher de ma vie tout ce qui n'est pas elle et moi!... Octavien, tu as raison; un éclair de bon sens m'illumine... Je pars... Oui, j'en ai assez vu de cette nuit! Je sens qu'il y a un volcan de poudre au fond de ce vaisseau, et qu'avec une de ces torches de fête, je puis incendier ce bal, et mourir comme Sardanapale, avec cent femmes sur mon bûcher!... Je pars... toi, reste... observe tout... je t'attendrai chez moi à ma *villa Bianca*... Viens me rejoindre après le bal... Adieu!

Le comte Fabiano marcha lentement vers l'échelle du vaisseau, et avant de mettre le pied sur le premier degré, il se retourna pour observer encore une fois la comtesse Hortensia qui dansait avec Hamilton.

Un rapide regard jaillit des yeux de la jeune femme comme le rayon d'un diamant, et tomba sur Fabiano.

Celui-ci hésita un instant; mais la comtesse reprit tout de suite son allure évaporée, comme si elle eût regretté le regard donné au jeune Sicilien par distraction.

Fabiano serra la main d'Octavien et descendit dans son canot.

La comtesse Hortensia n'avait pas encore demandé un instant de trêve à la furie du bal.

Ce fut donc avec une sorte d'étonnement qu'Octavien, qui de loin, ne la perdait pas de vue pour compte d'ami, remarqua un signe expressif qu'elle faisait à un jeune homme; ce signe annonçait un refus formel de suivre le danseur. Une seconde et une troisième invitation ne furent pas plus heureuses. Pour la première fois, l'archet donna l'accord, et la comtesse ne bougea pas de son divan.

On allait danser la *mazourka* de Varsovie!

Tout à coup, ceux qui entouraient la jeune comtesse remarquèrent sur toute sa personne une agitation convulsive qui ne paraissait pas déterminée par l'enivrement du bal, car l'horrible et soudaine pâleur de la figure révéla une de ces douleurs intérieures qui manquent de phrases pour arriver aux lèvres. Deux larmes tombèrent des yeux de cette femme, et roulèrent sur son sein comme deux perles échappées du collier; en même temps elle frissonna de la tête aux pieds avec une violence alarmante; on aurait dit qu'un accès de froid l'avait saisie après l'ardente sueur du bal.

Sa tante, la marquise Gesualda Braschi, le marquis Viani et le comte Anatole exprimèrent à la fois autour d'elle les craintes les plus vives; mais la comtesse Hortensia, par une sorte de violence intérieure qu'elle se fit à elle-même, reprit sa gaieté habituelle et son sourire charmant, avant que cette crise eût été remarquée du monde du bal.

Octavien entendit cette conversation entre deux personnes inconnues.

— Elle vient de se brouiller avec le comte Fabiano, un seigneur sicilien.

— Celui qui a quitté le bal?

— Après la quatrième contredanse.

— Ah! diable, je comprends l'attaque de nerfs maintenant.

— C'est une crise de jalousie.

— On se raccommodera.

Les deux interlocuteurs s'enfoncèrent dans la foule, et lorsqu'ils rencontrèrent leurs amis, ils leur racontaient comment la belle Varsovienne avait eu une crise nerveuse à la suite d'une brouillerie d'amour. Le monde du bal accueillait cette nouvelle avec cette foi aveugle qu'on accorde aux diffamations; personne n'élevait le moindre doute, ni parmi ceux qui publiaient la chose, ni parmi ceux qui l'écoutaient.

L'orchestre s'arrêta; les musiciens se levèrent pour essuyer leurs fronts et regarder par-dessus les pupitres, pour voir si les rangs s'éclaircissaient, car ils avaient besoin de repos.

Le bal expirait aux premières lueurs de l'aurore. Déjà les canots emportaient des quadrilles entiers vers la ville, et dans les éclaircies de la mer, où se reflétait le rayon du jour naissant, on voyait courir à la rame une flottille qui semblait vouloir élargir le cercle du bal, et continuer sur le golfe la fête du *Cambrian*.

La comtesse Hortensia dit à M. de Mersanes :

— Comment donc, monsieur, le bal meurt, et on le laisse mourir! mais c'est une honte pour les jolies femmes et les jeunes gens! Allons, messieurs, ranimez le bal! à notre dernière contredanse, il faut inviter le soleil. Comte Anatole, je vous engage. Commandant Hamilton, envoyez un aide-de-camp à l'orchestre, et retirez l'échelle de votre vaisseau pour couper la retraite aux fuyards.

Et les derniers quadrilles se formèrent avec les plus intrépides des danseuses et les officiers du *Cambrian*.

La dernière contredanse finie, le comte Anatole dit à sa belle danseuse :

— Madame, je vous remercie de la fête que vous nous avez donnée; je me survivais à moi-même, et il me semble que je ressuscite! Oh! si je pouvais, comme ce vaisseau, jeter l'ancre dans cette radieuse phase de ma vie! si je pouvais retenir dans mes bras ces instants de douceur et de flamme qui passent pour ne plus me revenir! Me rendrez-vous un jour, madame, ce que vous m'ôtez aujourd'hui?

La comtesse fit un gracieux mouvement de tête et d'épaule, et dit :

— Vous oubliez nos conditions, monsieur; vous ne sortez donc pas du genre sérieux!... Croyez-vous qu'on puisse encore organiser une nouvelle et dernière contredanse?

— Vous voyez, madame, dit Anatole, que tout le monde part.

— Alors, dit la comtesse, il faut se résigner. Comte Anatole, permettez-moi de rejoindre le marquis Viani et ma tante. Au revoir, bientôt, j'espère, monsieur... à bientôt.

Anatole s'inclina respectueusement, et la formule d'adieu ne put franchir ses lèvres. Faisant un dernier effort de courage, au moment de la séparation, il dit:

— Il faut espérer, madame, que votre légère indisposition n'aura pas de suites.

— Oh! ce n'est rien, monsieur, dit la comtesse avec un sourire forcé; c'est la fraîcheur de l'eau qui m'a saisie, et...

— Et qui vous a arraché deux larmes...

— Que dites-vous donc, monsieur? dit la jeune femme en riant aux éclats, vous allez me persuader que je pleure au bal?

— Deux larmes! je les sens encore couler sur mes joues!

— Oui... Il paraît que j'ai pleuré par vos yeux... Vos plaisanteries commencent tard, mais elles me réjouissent beaucoup... Adieu, monsieur le comte. Voilà le marquis Viani qui se réveille. Il a dormi sur l'affût d'un canon, comme François Ier à Marignan.

Anatole demeura quelque temps immobile à la même place, les yeux baissés : quand il regarda autour de lui, il ne vit sur le pont que le commandant. Tout avait disparu; il ne restait de la fête que des fleurs hachées à morceaux par l'ouragan du bal.

— C'est fort bien, comte de Mersanes, dit le commandant Hamilton, vous soutenez dignement l'honneur de votre nation; comme mon aïeul qui était votre compatriote, vous restez le dernier sur le tapis du bal.

— Capitaine Hamilton, dit le comte en s'efforçant de sourire, j'espère avoir fait ainsi mieux que personne l'éloge de votre fête.

— J'accepte de grand cœur le compliment, comte de Mersanes, mais j'en rapporterai la moitié à lord Maitland, car je me souviens qu'en 1831 vous quittâtes aussi son bal le dernier.

— Il paraît que c'est mon habitude, dit le comte en riant faux. Capitaine Hamilton, votre station dans ces parages est une bonne fortune. Sera-t-elle longue encore?

— Dans quinze ou vingt jours je tirerai le canon d'adieu.

Le commandant accompagna de Mersanes jusqu'à l'échelle, et lui serra les mains.

III.

A VILLA-BIANCA.

Le comte Fabiano attendait Octavien sur le bord de la mer, dans la petite baie qui sert de port à Villa-Bianca.

Le canot d'Octavien arriva quelques heures après le lever du soleil.

Fabiano interrogea son ami par un énergique serrement de main.

— Sois content, dit Octavien, ton affaire est en bon train.

— Je veux la vérité, toute la vérité, dit Fabiano; j'aime mieux la vérité qui me tue, que le mensonge qui me fait vivre.

— Cette femme t'aime, Fabiano.

— Elle te l'a dit?

— A peu près... Il y a un silence qui parle, et des actions muettes qui sont des confidences.

— Au fait, Octavien, point de paroles oiseuses! Nous sommes dans une intrigue de feu qu'il faut enlever au vol!

— Eh bien! cette femme a été foudroyée de désespoir après ton départ. Aujourd'hui ce sera la nouvelle de la ville. Au bal, on ne parlait que d'elle et de toi. Elle a subi une crise terrible; puis elle a voulu faire bonne contenance, mais il n'était plus temps; tout le monde avait son secret.

— Tu ne me flattes pas, Octavien?..

— Fie-toi à ma parole. Elle a cru longtemps que tu reparaîtrais au bal; elle a fait même prolonger les danses jusqu'au lever du soleil. L'équipage du *Cambrian* dormait debout. Ta belle comtesse n'a quitté le pont qu'après le départ du dernier musicien. Tant qu'un violon est resté aux pupitres, elle n'a pas bougé. Elle regardait la terre, la mer, l'échelle, les canots; elle t'attendait.

— Quelle femme! elle a dansé tout le soir et toute la nuit?

— Pour t'attendre, Fabiano, c'est évident! Il n'y a pas d'exemple d'une pareille frénésie au bal. Elle aurait dansé tout le jour, si elle avait découvert ton canot en panne à l'horizon. Oh! si tu l'avais vue ce matin, dans son négligé de l'aurore, avec sa robe dévastée, sa chevelure ruisselante, ses jolis souliers de satin en lambeaux, ses gants flétris, ses bracelets flottants au bout des bras; si tu l'avais vue dans ce désordre adorable qui exprimait tout le délire de la nuit, tu serais tombé à ses pieds, tu serais mort d'amour, Fabiano!

— Et l'autre?.... l'autre, l'a vue, lui?.... l'autre?...

— Anatole de Mersanes?..... Il s'est posé toute la nuit, à vingt pas d'elle, dans l'attitude de la statue du désespoir.

— Octavien... Mes idées se brouillent dans mon cerveau... Écoute, tu m'as parlé un peu légèrement de cet Anatole, hier..... Tu m'as fait sur lui une histoire étrange..... voyons; puisque cet homme se jette à travers ma vie, il faut le connaître à fond.....

— Fabiano, je te répéterai cent fois la même chose: Anatole de Mersanes est mort à Sorrente, j'ai assisté à la lecture de son testament, et j'ai failli épouser son unique héritière à Montbazon. Suis-je clair?

— Comment s'est comporté le Viani?

— Pauvre vieux! il a dormi çà et là sur le pont.

Fabiano croisa les bras sur sa poitrine, et marcha silencieusement sur le bord de la mer, dans l'attitude d'un homme qui ourdit un plan et veut prendre une détermination.

Il renoua ainsi l'entretien après quelques minutes :
— Écoute-moi bien avec attention, dit-il à Octavien : comment nommes-tu cette héritière d'Anatole de Mersanes, mort ou vif?
— Virginie Debard.
— Bien. Ce jeune fantôme français est logé sans doute à l'hôtellerie de Michel, ou à la Croix-de-Malte sur le port. Tu prendras tes informations pour le découvrir.
— C'est fort aisé.
— Tu connais parfaitement la troisième chanteuse du *Carlo-Felice*...
— La signora Tadolina... qui parle le français comme une Parisienne. Je l'ai connue à Naples ; elle est arrivée hier.
— Elle-même. C'est une femme qui joue tous les rôles dans la perfection, pour de l'argent. Tu lui donneras dix louis, monnaie de France, et tu l'enverras chez Anatole de Mersanes, avec un beau rôle dont tu lui feras jouer la répétition devant toi. Je te charge d'écrire ce rôle, et de le lui apprendre comme une scène de Romani. Ce rôle consiste à se présenter chez M. de Mersanes, chargée d'une mission quelconque de madame Virginie Debard. Tu inventeras, chemin faisant, le genre de mission qui conviendra le mieux aux moyens de la Tadolina ; tu lui donneras scrupuleusement les détails les plus minutieux sur madame Debard, sur la Touraine, sur Montbazon, sur l'intérieur domestique de cette héritière : la Tadolina te comprendra du premier coup, et elle retiendra par cœur tout ce que tu lui diras. Il est impossible que ce stratagème ne nous éclaire pas sur la véritable position de M. de Mersanes dans ce monde ou dans l'autre. Nous agirons ensuite quand nous serons fixés.
— Donne-moi ton cabriolet et je pars ; j'adore ces choses-là.
— Un instant, Octavien !.. j'ai remarqué depuis trois semaines que tous les lundis, à deux heures, un valet de pied stupide sort de la Casa Braschi, où demeure la comtesse, et porte une lettre à la poste. Tu sais que l'hôtel de la poste est dans un coin désert, près du *Carlo-Felice*; la boîte est placée sous des arcades solitaires comme des galeries de Thèbes. J'ai pris, l'autre jour, la dimension de cette boîte, et j'ai fait une gaîne en lames de plomb que l'on peut introduire dans la boîte aux lettres. Ainsi tu te poseras en sentinelle vigilante sous les arcades de la Poste, avec ma gaîne toute prête, et lorsque tu verras s'avancer un valet habillé de vert, tu placeras mon filet de plomb et tu le retireras quand la lettre de la comtesse sera jetée et quand le valet aura disparu. Tu as compris ?
— C'est clair comme le jour.
— Viens à la villa, je mettrai tout ce dont tu as besoin à ta disposition, sans oublier un rouleau de pièces d'or : la Tadolina les aime. Moi, je te rejoindrai ce soir à *Carlo-Felice*, dans ma loge : on joue *Otello*, c'est de circonstance. Maintenant je vais essayer de prendre un peu de repos pour guérir ma fièvre, je suis malade, l'amour demande la santé... Encore une chose, Octavien !.. ne manque pas d'aller à la messe de onze heures, à *San-Lorenzo*, et de t'agenouiller dévotement à deux pas de la stalle du marquis Viani.

Cet acte de piété te mettra en bonne odeur auprès de lui... Voilà tout... une heure avant le lever du rideau, je t'attends au théâtre.
— C'est entendu.
— Octavien, voici mes principes dans les drames que je me joue ; il faut négliger tout incident intermédiaire, et voler au dénoûment. L'incendie, la foudre, la cataracte doivent être nos modèles, trois choses qui ne se reposent qu'après avoir atteint le but.

Une demi-heure après cet entretien, Octavien courait vers le faubourg de Saint-Pierre d'Arena, et Fabiano dormait de ce sommeil agité qui brûle comme l'insomnie.

IV.

AU CARLO-FELICE.

Au coup de sept heures, Octavien entra dans le cabinet de la loge du comte Fabiano. Le théâtre était encore désert et l'orchestre vide.
— Tout est fait, dit Octavien en entrant ; tout a réussi.
— As-tu la lettre ?
— La voilà.
— Donne... Oui, c'est bien sa main !.. Octavien, je ne suis pas assez complètement perverti... je tremble en brisant le cachet de cette lettre...
— Du courage, Fabiano, ce n'est que de la cire d'Espagne...
— J'ai des remords avant le crime...
— Cela te dispense d'en avoir après.
— Démon tentateur !
— Eh ! je ne suis pas ton ami pour t'abandonner dans le péril !..
— Lisons, puisqu'il le faut... En déchirant ce cachet, il me semble que je déchire le cœur de cette femme, et que mes mains vont se teindre de son sang ! Voyons !.. c'est adressé au général D..., à Paris.

« GÉNÉRAL,

« Rien ! toujours rien ! c'est désolant !

« J'ai fait mon pèlerinage à Notre-Dame-de-Lorette, et j'ai quitté cette sainte chapelle avec une ombre d'espoir au fond du cœur.

« Vous ne sauriez croire combien cet asile aérien donne de consolation à l'âme en peine. Il y a dans la nef un parfum divin et une sérénité suave, comme on doit les retrouver aux régions tranquilles, dans le voisinage du ciel.

« J'ai visité Rome, ville auguste et consolante. J'ai prié sur le tombeau de saint Pierre, et il me semble qu'une voix m'a dit d'espérer en Dieu.

« J'espère !

« J'espère en vous aussi, mon vieil ami. Ma vie est attachée à vos lettres. Que vos lettres et votre intelligente amitié ne se refroidissent pas ! Persévérez !!!

« J'irai vous voir à Paris, au milieu de l'été. Ma tante me retiendra ici encore un mois ou six semaines.

« Si vous avez occasion d'écrire à ma glorieuse amie, la comtesse Plater, rappelez-moi à son souvenir.

« Votre bien affectionnée,   C. H. de R. »

— Eh bien! dit Octavien, que penses-tu de cette lettre?

— Ce n'était pas la peine d'être si criminel pour si peu de chose. La comtesse a voulu écrire une folie sérieuse pour se reposer après la dernière nuit. C'est une pénitence de dix lignes qu'elle s'est imposée avant son lever... lettre nulle!.. Octavien, il faut remettre cette lettre à la poste. Le courrier de lundi nous donnera quelque chose de mieux et de plus clair... Ces lignes ne signifient rien... Pourtant on peut tirer parti de tout dans l'occasion.

— Donne la lettre, je remettrai l'enveloppe dans son premier état; c'est mon métier.

— Maintenant, parlons un peu de la Tadolina.

— Ah! ceci est plus gai que la lettre... La Tadolina s'est tirée de son rôle à souhait. Je lui ai fait un *libretto* et elle l'a chanté sans musique à M. de Mersanes.

— Donne-moi vite les détails.

— La cantatrice s'est habillée avec un goût exquis; elle s'est composée un visage de circonstance, d'après la fille du commandeur de *don Giovanni*; ses yeux portaient l'empreinte des larmes qu'elle n'avait pas versées, et sa voix de *mezzo-soprano* semblait fatiguée par des sanglots réprimés depuis le matin. Elle s'est fait annoncer chez M. de Mersanes, en prétextant une affaire de la plus haute importance. Le comte l'a reçue avec une politesse froide, lui a présenté un fauteuil et l'a invitée à lui parler. Cette Tadolina est un démon d'intelligence et d'esprit!

— Monsieur le comte, a-t-elle dit, vous ne serez pas étonné de ma visite lorsque vous saurez que j'arrive de Montbazon en Touraine, et que je suis la nièce de madame Virginie Debard.

La Tadolina, ces paroles dites, a baissé pudiquement les yeux pour essuyer des larmes absentes.

— Que puis-je faire pour vous être utile, mademoiselle? a dit le comte de Mersanes; vous arrivez avec une recommandation toute-puissante chez moi; mais je ne comprends pas comment vous avez pu me joindre ici.

— Un de mes parents vous a vu à Rome à la dernière semaine sainte, a poursuivi Tadolina, et, de retour à Montbazon, il a annoncé cette nouvelle à ma tante. Jugez de la joie de cette pauvre femme! Est-il possible! s'est-elle écriée. Anatole est vivant! Oh! qu'il vienne! qu'il vienne! et je lui rends toute sa fortune!

Le comte Anatole s'est levé avec vivacité, dans la plus grande agitation, et il a croisé ses mains par-dessus sa tête; puis se rasseyant il a dit :

— Puisque vous savez tout, mademoiselle, (signe de Tadolina exprimant qu'elle sait tout), je vous dirai que ce qui a été donné est bien donné; madame Virginie Debard n'a rien à me rendre.

— Oh! ce n'est pas son intention, monsieur! Ma tante a des scrupules, et votre testament est cassé de droit, puisque vous n'êtes pas mort.

— Mademoiselle, je n'ai pas l'intention de faire casser mon testament.

— Ma tante a d'autres projets; elle vous rend votre fortune, et... je n'ose continuer, monsieur le comte...

— Achevez, je vous prie, mademoiselle.

— Vous n'avez pas oublié, monsieur le comte, votre beau portrait en pied que vous avez donné à ma tante? un portrait de Court?

— Oui, je me rappelle ce portrait...

— Eh bien! monsieur le comte... nous avons souvent parlé de vous avec ma tante, devant ce portrait que je trouve si ressemblant aujourd'hui... Bien souvent aussi j'ai passé des heures entières en contemplation devant cette image adorée; puis, j'allais au cimetière pleurer sur le monument funèbre que ma tante vous a élevé... Hélas! qu'ai-je fait, malheureuse!.. Mes larmes et mon désespoir vous expriment le reste... Et ma tante m'a dit : Tu es jeune, tu es belle, tu as un cœur aimant; va faire un petit voyage en Italie. Tu rencontreras Anatole, tu mettras sa fortune à ses pieds; je le connais, en échange il te donnera son cœur.

A ces mots la Tadolina s'est précipitée aux genoux d'Anatole et elle les a arrosés de larmes de comédie. La physionomie du jeune homme annonçait le plus étrange embarras.

— Mademoiselle, a-t-il dit en relevant la comédienne, je ne suis pas préparé à cette scène... Calmez-vous... reprenez cette réserve qui est l'honneur de votre sexe... J'aurai le plaisir de vous écrire... donnez-moi votre adresse..

— Au nom du ciel! s'est écriée la Tadolina avec un accent de cinquième acte, j'attends une réponse verbale à vos pieds : ne me la refusez pas!

Alors Anatole exaspéré, s'est arraché violemment des mains de l'actrice, et s'est réfugié dans une pièce voisine dont il a fermé la porte à double tour.

Tadolina ayant rempli son but et le nôtre, a cru devoir s'arrêter là; elle s'est bornée à pousser quelques cris déchirants notés sur le *ma s'il padre m'abandona*, d'*Otello*.

Le Sicilien écouta ce récit circonstancié, et se penchant à l'oreille d'Octavien d'Oropeza :

— Je suis très-content de la Tadolina, dit Fabiano; cet Anatole de Mersanes a sur la conscience quelque grief mystérieux, et l'audace intelligente de cette actrice met cet homme à notre disposition Joue-t-elle, ce soir, dans *Otello*, la Tadolina?

— Non, c'est le début de la Franceschini dans *Desdemona*. La Tadolina n'a pas encore débuté.

— Elle ne débutera pas. Je l'engage, moi; je lui donne le triple de ce que lui promet l'*impressario*, et je paie son dédit. Demain tu négocieras cette affaire. Nous allons jouer un opéra *semiseria*, sans public. Que la Tadolina reste enfermée dans sa maison, en attendant celle que je lui choisirai dans un faubourg!

Cependant la foule arrivait et peuplait les loges du *Carlo-Felice*. Les musiciens préludaient dans l'orchestre à l'ouverture d'*Otello*.

— La voilà, dit Fabiano; elle entre dans la loge en face avec sa tante et l'éternel Viani... A propos, as-tu fait tes dévotions ce matin à San-Lorenzo?

— Je n'ai rien oublié... ; j'ai passé une heure dans cette cathédrale, et j'ai compté tous ses carreaux de marbre noir et blanc.

— As-tu fixé l'attention du marquis Viani?
— Il n'est pas venu.
— Ah! voici du nouveau. Viani déserte l'église! décidément il est plongé dans les pompes du démon jusqu'aux cheveux, s'il en a... Octavien, as-tu remarqué le salut gracieux que je viens d'envoyer à la belle comtesse?.. Cherchons cet Anatole de loge en loge, et prenons un air indifférent et distrait.

L'opéra commença, et tous les regards des femmes et des hommes qui s'attachaient déjà sur la comtesse étrangère se portèrent sur le théâtre. A la fin du premier acte, les visites de loge en loge commencèrent, selon l'usage italien.

Le comte Fabiano passa dans son cabinet, étudia sa toilette et sa physionomie au miroir, et se dirigea vers la loge de la comtesse.

Après les questions et les réponses ordinaires, sur le bal de la nuit, le comte sicilien prit un air touchant de bonhomie, et demanda au marquis Viani son opinion sur la musique de Rossini.

— A vous parler franchement, dit le marquis, cette musique me fatigue beaucoup.

— C'est l'effet général qu'elle produit, dit Fabiano; je n'ai jamais pu entendre un opéra de Rossini, jusqu'à la fin... Marquis Viani, connaissez-vous *Otello?*

— Je connais l'*Otello* anglais; c'est un chef-d'œuvre; je l'ai vu jouer à Londres, dans ma jeunesse, lorsque j'étais attaché à la chancellerie. Je me rappelle encore l'émotion que j'éprouvais, lorsque l'acteur s'écriait :

« Lève-toi; noire vengeance! sors de ton antre fatal!.. »

C'est de Shakespeare, comme vous savez... Rossini a imité l'auteur anglais.

— Imité, comme vous dites.

— Le costume d'Othello, ici, n'est pas exact, poursuivit le marquis...

— Oui, le costume manque d'exactitude... ce n'est pas un More. Votre observation est juste, marquis Viani.

— Ensuite Rossini n'a pas trouvé la seule musique convenable à l'entrée d'Othello.

— Oui, il a manqué l'entrée. J'en faisais l'observation à mon ami.

— Il fallait à l'entrée d'*Otello* une musique douce, une musique vénitienne, si je puis m'exprimer ainsi... vous comprenez?

— Parfaitement, marquis Viani, une musique de gondole...

— C'est cela, monsieur... une musique passionnée...

— Passionnée...

— Plutôt dans le fond que dans la forme... point de fracas... quelque chose de menaçant et de voilé...

— Et de contenu...

— Oui... malheureusement, Rossini s'est laissé entraîner par le goût du siècle.

— Hélas! le siècle a un triste goût, marquis Viani!

— Je me souviens d'avoir entendu, dans ma jeunesse, un opéra de *Didon* par le maëstro Caravagli... il est mort à vingt-sept ans ce pauvre diable!.. c'était une musique facile, légère... une musique du cœur... il y avait un air... *Vien Anna diletta!*.. accompagné seulement par un violon et la petite flûte... un air qui vous arrachait les larmes... Si ce pauvre Caravagli eût vécu!..

— Rossini n'aurait pas brillé...

— Oh! certainement, il n'aurait pas brillé!.. Rossini, comme le disait l'autre jour un homme de beaucoup d'esprit, ne sera jamais qu'un élégant discoureur en musique.

— Ah! bien jugé! marquis Viani... Madame la comtesse est sans doute de notre avis; elle a si bon goût en toute chose !

La comtesse jeta sur Fabiano un regard oblique et étincelant d'esprit, un regard qui signifiait, vous êtes un rusé courtisan !

Et elle dit :

— Je ne connais pas suffisamment la musique de M. Rossini pour la juger; mais je crois, comte Fabiano, que je la jugerai comme vous, quand je la connaîtrai.

L'entrée d'Anatole de Mersanes suspendit cette conversation.

Fabiano qui était assis à côté de la comtesse Hortensia, se leva pour céder sa place au nouveau venu, selon l'usage italien établi au théâtre.

Lorsque le rideau monta, la comtesse invita ses jeunes visiteurs à rester. Elle n'eut pas besoin d'insister pour être obéie.

Viani, pour ne pas être remarqué du public, s'était enfoncé dans un angle obscur de la loge, en prenant une de ces poses équivoques qui annoncent la méditation profonde ou le sommeil dissimulé.

On avait intercalé dans *Otello* le duo d'*Armida* de Rossini, *Amor possente nome!* que le public attendait avec impatience.

Rossini a écrit ce merveilleux duo à Naples; il avait au cœur un trésor de jeunesse et d'amour, et il l'épancha en notes ardentes et langoureuses sur une feuille de sa partition. Tout ce qu'il y a de volupté mystérieuse et de passion sensuelle dans cette molle atmosphère qui fit éclore Capoue et Sybaris; toutes les secrètes extases qui descendent avec la nuit sur le golfe et sous les treilles; tout ce que la voix de la femme a de mélodieux et d'embaumé; tout le charme qui vient de l'amour sous les orangers avec le soleil, sur la colline avec les étoiles; tout est dans ce duo d'*Armide*; l'orchestre et le chant y donnent des aspirations inouïes, et le cœur intelligent qui les écoute a des allégresses intimes qui font tressaillir de bonheur.

Le duo commença.

Le comte Anatole se pencha sur le bord de la loge, comme pour recueillir une à une ces émanations de la musique et des voix. Un murmure de joie intérieure, doux et léger comme le soupir du golfe dans les aiguilles des pins, courut dans l'ellipse du théâtre, et accompagna l'orchestre et le chant.

Anatole ouvrit ses yeux éteints de langueur, au moment de la reprise de ces trois mots : *Amor possente nome!* et il rencontra un regard qui étincela dans la loge sombre comme la première étoile levée à l'horizon. Ce regard eut la rapidité de la pensée qu'il emportait avec lui; mais il avait été saisi au vol par le comte de Mersanes; mais il avait donné à un homme, en un instant, toutes les félicités du ciel.

A l'entr'acte, le comte Fabiano se retourna vers le marquis Viani, et dit :

— Voilà un duo que je classe dans les substances opiacées. J'allais m'endormir impoliment. Avez-vous reconnu là un duo d'amour, marquis Viani ?

— On a chanté si bas que je n'ai rien entendu, répondit Viani.

— Que vous êtes heureux !

— Toute cette musique nouvelle, monsieur, je n'en fais pas plus de cas que de la chansonnette de nos petits enfants :

Buove, buove, dove andate,
Tutte le porte son serrate, etc.

C'est de la même force.

— Marquis Viani, j'aime mieux l'air charmant de *buove, buove...*

— Oui, c'est plus simple, plus naturel, plus franc ; vous avez raison, comte Fabiano... Si je n'avais pas eu l'honneur de donner le bras à madame la comtesse, j'aurais vraiment regretté l'emploi de cette soirée. Nous avons à la même heure une séance des plus intéressantes à la société anthologique. La séance du lundi.

— Oh ! vous voyez en moi un des plus ardents admirateurs de cette société ; je suis vos travaux avec un intérêt toujours croissant. Tous les mardis je m'informe des travaux de la veille.

— A vrai dire, nous ne marchons pas mal... nous commentons le Dante avec une fureur dont l'Europe savante nous saura quelque gré. Ce soir nous arrivons au fameux tercet.

Donna è gentil nel ciel, che si compiange.

La séance sera orageuse. Vous savez que l'Italie est partagée depuis trois siècles sur le sens véritable de ce passage. Quant à moi, mon opinion est arrêtée : je crois fermement que le Dante a voulu faire une allégorie avec ces trois femmes : Lucia, Rachele et Beatrice. Qu'en pensez-vous, comte Fabiano ?

— J'ai beaucoup étudié ce passage, marquis Viani, et je disais le mois dernier, à Florence, aux anthologistes réunis chez M. Vieussoux...

— C'est notre correspondant pour les commentaires...

— Je disais que l'allégorie des trois femmes était claire comme le jour, et qu'une explication contraire serait une véritable aberration de commentateur.

— Une véritable aberration ; le mot est juste. Comte Fabiano, seriez-vous bien aise de venir nous aider dans nos travaux ?

— Je n'osais me proposer, marquis Viani. J'aime Dante avec fureur ; c'est ma seule passion. Si vous veniez chez moi vous trouveriez mon Dante, édition 1605, sur ma table de travail.

— Comte Fabiano, savez-vous quel sens j'ai donné au fameux passage *infin che'l veltro verrà ?*

— Voyons, quel sens avez-vous donné ?

— Devinez, comte Fabiano... de quel lévrier le Dante a-t-il voulu parler ?

— Mais... d'un lévrier ordinaire.

— Non, ce lévrier, c'est Can de l'Escale, prince de Vérone.

— Oui, oui, cet illustre prince !.. je cherchais son nom... Quel lévrier ! Can de l'Escale ! il n'y a pas à s'y méprendre, marquis Viani...

— *Che la farà morir con doglia !* Vous voyez que l'allusion est frappante.

— Frappante ! c'est *Can de l'Escale...* le lévrier...

— Le lévrier qui a vaincu les Guelphes !

— Qui les a écrasés ! marquis Viani... *Che la farà morir !* Dante ne se serait pas mieux commenté lui-même.

— Messieurs, dit la comtesse en riant, ce que vous dites là est fort beau, sans doute, mais permettez-moi d'entendre la romance *del Salice.* Vous reprendrez le Dante après.

Dante fut abandonné.

Au tomber du rideau, les visiteurs prirent congé de la comtesse.

— Avouez, marquis Viani, dit la comtesse, que vous êtes enchanté du comte Fabiano Val di Nota ?

— C'est un jeune homme plein d'esprit et d'instruction, madame, répondit Viani ; celui-là n'a pas trempé dans toutes les folies du jour.

La comtesse Hortensia ne répondit rien. Elle avait, malgré sa ruse profonde, deviné le comte Val di Nota et Viani n'aurait rien compris à ce qu'elle aurait pu lui dire.

Fabiano venait de rejoindre son ami dans sa loge, et il lui disait :

— Octavien, j'ai passé une soirée d'enfer. Je me suis contraint ; admire mon héroïque fermeté : il m'a fallu parler de Dante avec son enfer au cœur ! Cet Anatole de Mersanes a fasciné la comtesse ! il y a eu entre eux des entretiens muets, des intelligences de regards que j'écoutais avec mes yeux !... Octavien, il faut détruire cet homme à tout prix.

— Nous le détruirons, dit froidement Octavien.

V.

LA SOCIÉTÉ ANTHOLOGIQUE.

La comtesse Hortensia vécut toute cette semaine dans le plus grand isolement. Elle ne se montra pas une seule fois dans le monde.

Le comte Fabiano s'était présenté à la Casa Braschi : on lui avait répondu que madame était un peu souffrante, et qu'elle ne recevait pas. Pourtant Fabiano avait de fortes raisons de croire qu'Anatole de Mersanes et le marquis Viani continuaient leurs visites, et qu'ils étaient reçus. Il rôdait le soir, à la nuit tombée, devant la Casa Braschi, pour interroger les croisées des salons de la comtesse, et il voyait des silhouettes d'hommes s'agiter dans toute la longueur des rideaux, et les lumières trembler sur les vitres, ce qui annonçait des scènes intérieures orageuses, dont les acteurs marchaient avec précipitation.

Dévoré d'une impatience fébrile, le comte Fabiano attendait la sortie de ces êtres mystérieux qui trou-

Fabiano s'inclina de respect devant cette femme.

blaient la sérénité de ces salons, autrefois si calmes; mais la porte ne s'ouvrait pas. L'horloge de Saint-Charles épuisait les heures, et la bruyante prolongation des coups de minuit, douze fois vibrant sur les vitres, ne rappelait même pas à ces visiteurs obstinés qu'il était temps de prendre congé de la comtesse. Puis, à la dégradation des teintes intérieures, il était facile de s'apercevoir que les lampes et les bougies s'éteignaient l'une après l'autre avec lenteur, dans quelque nonchalante causerie de domestiques, devenus maîtres du salon. L'obscurité complète arrivait ensuite, et le silence de la maison n'était troublé que par un dernier et lointain grincement de porte, et par le bruit de la fontaine dans la conque de marbre sous les orangers de la *nymphée* du jardin.

Mille visions allumées dans le cerveau par le démon de la jalousie entretenaient la brûlante veille de Fabiano. Quand il rentrait dans son palais sur la *piazza Amorosa,* l'aube donnait ses lueurs pâles aux jardins aériens de Durazzo, et semblait animer les deux lions de marbre aux balustrades de son escalier.

Fabiano avait dans son organisation cette volonté de fer qui, dans les plus violentes tempêtes de la passion, sait appeler à son secours le calme et le sang-froid pour réfléchir et combiner quelque plan de réussite.

Plusieurs fois il avait étudié le caractère du valet de pied du palais Braschi; ce domestique lui sembla remplir toutes les conditions de l'homme servile qui peut faire une trahison pour de l'argent. C'était un de ces Italiens ramassés dans la rue par quelque grande dame compatissante qui avait échangé ses haillons contre une livrée, et qui, par ce bienfait, avait préparé une ingratitude. Celui-ci se nommait Antonini. Quand il sortait, avec un ordre de sa maîtresse, il montrait sur sa figure tous les ennuis de la domes-

Un pauvre paysan..... me présenta un des cordons.

ticité : dans les rues tout était pour lui un spectacle et une distraction ; le pèlerin chargé de coquilles, le frère quêteur avec sa besace, une procession de moines, un *Facchino* chantant au soleil, une dispute de mendiants devant l'Hôtellerie des Pauvres, un groupe de marins jouant à la *mourra*, une revendeuse de *confetti*, un peintre barbouillant une enseigne, tout l'intéressait dans sa course, excepté la mission qu'il devait remplir.

Fabiano ayant étudié les mœurs de ce domestique, l'aborda un jour, dans la strada Novissima, et lui dit :

— Écoute. Connais-tu l'église de *Notre-Dame-du-Remède?*

— Oui, monseigneur, répondit Antonini sans se déconcerter ; c'est la première église à main droite, après le théâtre.

— Bien ! tu vas y aller ; tu demanderas le prêtre de semaine, et tu lui donneras cette pièce de cent francs pour faire brûler cinquante cierges devant l'autel.

Le domestique regarda Fabiano et la pièce d'un œil ébahi, et tendit machinalement la main avec la défiance d'un homme qui craint une mystification, et un sourire plein d'intelligence et d'esprit.

— Prends donc, dit Fabiano, et fais ce que je te dis. Je t'attends devant les colonnes du théâtre et je te récompenserai bien... Va !

Le domestique fut combattu par une vive tentation ; la grande pièce d'or lui brûlait la main ; il était si facile de dire qu'elle avait été donnée au prêtre, et si facile de la garder. Cependant la commission fut remplie fidèlement ; Antonini vint rejoindre Fabiano sur la place du *Carlo-Felice* et lui dit :

— Le prêtre vous remercie, et Dieu vous le rendra ; ce sont les paroles qu'on m'a chargé de vous rapporter.

— Voilà dix écus pour toi, maintenant, dit Fabiano.

C'est un vœu... Tu ne comprends pas cela, toi... Demain, tu porteras la même somme à l'église de Carignan, et tu auras la même récompense. Ne parle à personne de cela... Demain, à dix heures du matin, tu seras sur le pont de Carignan.

— A dix heures, monseigneur... Mais si ma maîtresse me retient... C'est l'heure du service...

— Tu t'échapperas.

— Et si l'on me chasse...

— Je te prendrai à mon service... me connais-tu?

— Il me semble que j'ai vu sa seigneurie une fois sur l'escalier de la maison... cependant je n'en suis pas sûr...

— Tu ne m'as jamais vu... J'arrive de Milan ce matin... Que gagnes-tu chez ton maître?

— Cinquante *francesconi*.

— Je t'en donnerai cent... Voilà mes arrhes... une grande pièce d'or... prends... Comment se nomme ton maître?

— Je sers comme frotteur à la Casa Braschi, et je fais le petit service de ville de madame la comtesse Hortensia...

— Une dame mariée au comte... à quel comte?

— Une veuve.

— Riche?

— Nous sommes cinq domestiques, et quatre chevaux, sans compter le cocher.

— La comtesse reçoit?

— Madame la comtesse va souvent dans le monde, mais elle reçoit bien rarement...

— Cependant, ce matin, à déjeuner à la *Locanda*, j'ai vu un noble étranger qui avait passé les deux dernières soirées chez la comtesse Hortensia... oui, c'est bien le nom que ce monsieur a prononcé... la comtesse Hortensia.

— Oh! votre seigneurie fait erreur. Madame la comtesse n'a reçu personne...

— Personne?

— Elle reçoit tous les soirs le marquis Viani ; mais cela ne compte pas... c'est son ami.

— Son ami?... pas plus que cela?

— On dit qu'il doit l'épouser.

— Ah! on dit cela!.. le marquis Viani doit épouser la comtesse, et, en attendant le mariage, il passe ses soirées... fort tard, sans doute... jusqu'à...

— Jusqu'à onze heures.

— Et après onze heures...

— Après onze heures il rentre chez lui.

— J'ai une lettre de recommandation pour le marquis Viani... loge-t-il loin, bien loin d'ici?

— Votre seigneurie ne peut pas se tromper. *Salita San-Ciro*, deux portes après les deux statues de l'église. Les jardins de sa maison et du palais Braschi communiquent par une grille de fer, que j'ouvre et que je ferme tous les soirs...

— A onze heures?..

— A onze heures, comme j'ai l'honneur de le dire à votre seigneurie...

— Mais sais-tu pourquoi je te demande tout cela, moi?.. tu ne le devines pas! je veux savoir si tu es un garçon intelligent, si tu t'exprimes bien, si tu n'es pas embarrassé dans tes réponses; il faut que je te connaisse, si je te prends à mon service... va... je suis content de toi.

— Demain, à dix heures, sur le pont de Carignan...

— Non... non... ce sera pour un autre jour... je t'avertirai... Seulement, rappelle-toi une chose... Quand tu me verras lever la main par-dessus la tête, il y aura toujours de l'or pour toi au bout de cette main. Ton métier est de recevoir et de ne pas réfléchir.

— Je saurai faire mon métier.

Le comte Fabiano laissa tomber sur le domestique un regard de fascination du haut de ses yeux gris, et Antonini s'inclina de respect et de frayeur. Rien ne domine les âmes serviles comme la fierté du commandement soutenue par la générosité.

Il fallait que Fabiano eût une entrevue avec la comtesse, et que le marquis Viani ou Anatole de Mersanes ne vinssent pas troubler par leur apparition importune cet entretien.

Le soir même de ce jour que Fabiano avait employé à des machinations de tout genre, le marquis Viani reçut la lettre suivante, qui sollicitait une réponse affirmative et immédiate :

« MONSIEUR LE MARQUIS,

« Je reçois à l'instant la lettre ci-incluse du secrétaire de l'Institut de France; vous verrez combien elle est pressante, et je ne doute pas que vous ne veniez à mon aide dans cette occasion délicate.

« Le bruit qui se fait à cette heure en Italie, autour de l'ombre de Dante, a du retentissement chez l'étranger. On sait que les savants florentins et génois ont tourné toutes leurs méditations vers la *Divina Comedia*. La lettre de M. le secrétaire de l'Institut de France nous annonce que deux membres de cette société s'occupent d'une traduction de Dante sous les auspices du gouvernement.

« Ces traducteurs m'ont posé un problème bien difficile à résoudre. Ils désirent connaître les motifs qui ont poussé Dante à insulter la France dans le 29e chant de l'Enfer.

. . . . *Hor fù giamai*
Gente si vana come la Senese?
Certo non la Francesca si d'assai.

« Dante a mis en parallèle la frivolité et la vanité de la nation française et de la nation siennoise. L'orgueil de la France s'irrite, un peu tard il est vrai, de cette comparaison humiliante, et ses ambassadeurs littéraires s'adressent à nous pour connaître les griefs que Dante avait contre les Français. On connaît l'origine de la haine qui a inspiré à Alfieri son *Misogallo*, mais Dante a peut-être gardé son secret. Dans les circonstances politiques où nous nous trouvons, je ne crois pas qu'une folle insulte faite par Dante à la France au quatorzième siècle nous suscite une guerre avec nos voisins, mais il faut toujours leur donner une satisfaction littéraire pour entretenir nos bonnes relations.

« Demain lundi, j'ai résolu de réunir à un grand banquet scientifique votre société anthologique, dont vous êtes le plus ferme pilier. Nous tiendrons cette séance à la campagne, à ma *villa Bianca*, loin du bruit et des importuns. La France y sera représentée par M. le comte de Mersanes, que je vais inviter en personne, et qui rendra témoignage de notre zèle à ses compatriotes.

« A demain, à cinq heures du soir.

« De V. S. le très-humble serviteur,

« COMTE FABIANO VAL DI NOTA. »

Fabiano ménagea fort habilement ses visites et ses lettres d'invitation.

Il envoya une voiture à la porte de chaque savant commentateur, et son équipage avec sa livrée à l'hôtellerie du comte de Mersanes. Le marquis Viani avait accepté d'enthousiasme la proposition.

Le marquis Viani arriva le premier, tout rayonnant de joie; Fabiano le reçut à la grille, avec la respectueuse soumission d'un écolier qui reçoit son maître. Les autres commentateurs du Dante suivirent de près.

Anatole de Mersanes seul montra peu d'empressement; il avait même été sur le point d'envoyer une lettre d'excuses; mais il recula devant la crainte de répondre à une politesse par un mauvais procédé, indigne des mœurs françaises, et il se rendit comme les autres à la *villa Bianca*.

Tous les convives étaient vêtus de noir, avec plus ou moins d'élégance, selon leurs moyens. Il y avait là quelques habits de gala qui avaient figuré devant Masséna vers la fin du siècle dernier.

Viani faisait le dénombrement de ces commentateurs à l'oreille de Fiabiano.

— Celui-ci, disait-il, poursuit un mot obscur dans ses derniers retranchements, et l'oblige à se faire clair. Celui-là n'a pas d'égal en Italie, pour remonter par mille échelons à la source d'une étymologie. C'est lui qui a découvert qu'on avait formé le mot *cadaver* avec les trois premières syllabes de ces trois mots : CAro DAta VERmibus. Il est décoré de l'Éperon d'or pour cette découverte. Ce vieillard sec, qui marche en regardant ses pieds, récite les cinq premiers chants de l'*Enfer* de Dante, au rebours, en remontant depuis le dernier vers :

E caddi come corpo morto cade,

jusqu'au premier,

Nel mezzo del camin di nostra vita.

Comte Fabiano, je veux encore vous désigner notre célèbre Bonifacio qui a fait une dissertation pour prouver qu'au treizième siècle les enfants au berceau disaient *mamma* et *baba* pour désigner les deux auteurs de leurs jours, démonstration qui ressort évidemment de ce vers du 32e chant de l'Enfer :

Né da lingua che chiammi mamma ò babba.

— Quels hommes! disait Fabiano, et que l'on est honteux de passer devant ces profondes intelligences, lorsqu'on sait à peine, comme moi, bégayer la langue du berceau de la science! *mamma ò babba!*

Et Fabiano prenait l'attitude d'un homme prêt à se prosterner devant de hautes intelligences.

Viani triomphait.

On se mit à table. La salle du festin avait été décorée à l'improviste dans la nuit; un peintre, rival de Luca *fa presto*, avait barbouillé à grands traits au plafond les cercles de l'enfer du Dante, d'après la fresque florentine d'Andrea Orcagna; et l'artiste, par des procédés chimiques, avait forcé sa peinture à vieillir de dix années dans une nuit, ce qui annonçait que la passion de Fabiano pour le Dante n'était pas le caprice d'un jour.

Les commentateurs prirent d'abord le repas au sérieux; lorsque la première faim scientifique fut apaisée, on attaqua la grande question que le président Viani avait mise à l'ordre du jour.

Fabiano et Octavien se faisaient remarquer par une contenance grave et modeste; dès qu'ils hasardaient une observation, un commentateur la pulvérisait, et ils se soumettaient avec résignation.

Le comte de Mersanes, qui ne s'était jamais trouvé à pareille fête, ne savait s'il devait la prendre au sérieux ou au comique, et, dans le doute, il s'abstenait.

Au dessert, l'orgie de la science était arrivée à son comble. Les commentateurs, enivrés du vin de France, avaient au cerveau tous les cercles de l'enfer de Dante. C'était une mêlée de citations latines, un feu d'artifice de strophes qui retombaient en syllabes harmonieuses sur la tête des convives, et embrasaient leur sang italien au degré de l'ébullition. Le marquis Viani, en sa double qualité de magistrat redouté et de président admiré, régularisait, par intervalle, ce désordre, et sa voix, pareille à *Tartarea tromba*, ramenait quelques instants de silence dans cet enfer de commentateurs.

Octavien profita d'une de ces éclaircies pour réciter une leçon que Fabiano lui avait apprise le matin.

— Messeigneurs, dit-il, les yeux baissés et la tête mélancoliquement penchée sur l'épaule droite, illustres savants, permettez-moi de vous citer un fait qui, peut-être, vous expliquera l'origine de la haine que Dante avait vouée à la France. Vous savez, messieurs, que Dante avait subi le joug de l'hyménée...

— Dante était célibataire! s'écria un savant.

— Il était marié, poursuivit Octavien; Dante épousa Paula Ghiberti, de Poggi Bonzi, en 1271, après la mort de sa Béatrice adorée; et il commit ce grand acte d'imprudence d'après les conseils d'Amédée Manfred, neveu de Charles d'Anjou, prince français. Vous savez tous, messeigneurs, que Dante eut deux enfants de cette union, et que son bonheur conjugal fut ensuite empoisonné par la mauvaise conduite de sa femme. Il chercha la mort aux batailles de Campaldino et de Caprona, il ne la trouva point, selon l'usage de ceux qui la cherchent.

— C'est un fait à constater, dit le président; ceci est grave.

— A quelle source avez-vous puisé ces renseignements? demanda un commentateur.

— Dans un mémoire que j'ai lu à l'Académie de la Crusca. Mais les infortunes domestiques de Dante sont consignées dans l'édition de 1603, que je possède dans la bibliothèque de mon palais, *piazza del Campo*, à Sienne.

— C'est précisément l'édition que j'ai chez moi à Gênes, dit le comte Fabiano.

— Il faut la consulter, dit le président : cette édition affirme-t-elle que Dante se maria à l'instigation du neveu de Charles d'Anjou ?

— Elle l'affirme et elle le prouve, répondit Octavien.

— Comte Fabiano, le congrès vous prie d'envoyer un domestique à votre palais de ville...

— Un domestique ! interrompit Fabiano ; cette édition est renfermée dans une châsse d'or ! Il faut des mains pures pour y toucher ! j'y vais moi-même... On va vous servir des sorbets et du punch.

Le comte Fabiano s'élança sur un cheval bridé et sellé, et partit comme l'éclair.

Octavien lui avait remis une seconde lettre de la comtesse, dérobée comme la première dans la boîte de la poste. Cette lettre était ainsi conçue :

« MON CHER GÉNÉRAL,

« J'ai résisté jusqu'à ce moment, mais je sens que mes forces me manquent.

« Votre lettre, que j'ai reçue mardi dernier, m'a poussée au comble du désespoir.

« Toutes les peines que vous avez prises pour moi seront ainsi perdues ! Rien ! toujours rien !... Vous aussi, vous avez désespéré !

« Oh ! si Dieu m'ouvrait encore une fois les portes de Varsovie, il me semble que mes yeux, ma main et mon cœur ne m'égareraient pas !

« Pardon ! pardon ! mon vieil ami.

« Au nom du ciel, trompez-moi ! trompez-moi !

« Je ne veux pas la vérité, je veux vivre !

« Votre amie,   HORTENSIA. »

Fabiano parcourut en quelques minutes la distance qui le séparait de la Casa Braschi. La porte ouverte, et l'escalier franchi, il entra dans l'antichambre, et ordonna lestement à un domestique de l'annoncer ; celui-ci hésita. Fabiano lui dit qu'une affaire de la plus haute importance l'amenait chez madame la comtesse.

Le domestique entra. Fabiano entendit indistinctement un bruit de paroles sourdes et de frôlements de robes. Il lui paraissait que son introduction soulevait quelque difficulté. Cependant la porte du salon se rouvrit, et une voix céleste prononça ces mots :

— Introduisez M. le comte Val di Nota.

Fabiano prit une démarche pleine de distinction et d'élégance, et entra au moment où le domestique sortait.

Le salon était meublé avec ce charme splendide qui règne dans les grandes demeures de Gênes. Au plafond Perino del Vaga avait peint l'apothéose du cardinal Braschi reçu dans le ciel chrétien par Minerve et Apollon. Des portraits de famille peints par Van Dick, Luca Giordano et Solimene décoraient les panneaux ; deux girandoles posées sur une cheminée de lapis-lazuli éclairaient ce salon.

Fabiano ne vit qu'une femme : autour d'elle, tout ce qui brille dans le monde aurait perdu ses rayons.

Elle était debout, les bras croisés nonchalamment à la pointe du corsage, la tête penchée en arrière, avec une grâce merveilleuse dans l'inflexion de son col : elle portait une écharpe romaine à plusieurs nuances vives, comme un échantillon de l'arc-en-ciel. La comtesse Brignole, encore vivante au palais voisin, par la grâce d'Antonio Van Dick, donnait moins d'enchantement à la galerie de Durazzo.

Fabiano s'inclina de respect devant cette femme, reine par la grâce et sa beauté ; il s'effraya de son émotion, et il douta de lui-même pour la première fois.

— Madame, dit-il, je vous remercie de m'avoir accordé l'honneur de vous présenter mes hommages.

— Ma porte, monsieur le comte, est toujours ouverte aux personnes qui ont des affaires importantes à me communiquer, répondit la comtesse, avec cette assurance d'organe que les femmes supérieures trouvent toujours devant les hommes audacieux qui tremblent.

— Oui, madame, dit Fabiano, une affaire sérieuse m'amène ici...

— Sérieuse pour vous, ou pour moi, monsieur le comte ?

— Vous en jugerez, madame... Avant toute chose, permettez-moi de vous dire combien j'ai été désolé de ne plus vous voir chez ma noble cousine, la marquise Amalia Bonzi...

— Depuis la semaine dernière, j'ai suspendu toutes mes visites...

— Votre indisposition du bal du *Cambrian* n'a pas eu de suites fâcheuses ? demanda Fabiano avec une intention très marquée dans le ton et le regard.

— Non, monsieur... j'avais oublié cela comme on oublie tout le lendemain d'un bal.

— Que vous êtes heureuse, madame, d'avoir une mémoire si complaisante !.. J'ai le malheur, moi, de ne rien oublier... Je me souviens même d'avoir entretenu dans mon cœur une espérance que je suis obligé aujourd'hui de rendre à celle qui me l'avait donnée...

— Je ne vous comprends pas, monsieur.

— Et moi, madame, je vous avais mal compris... Il faut que vous connaissiez tous mes torts...

— Ah ! vous avez eu des torts ?

— Je me trompe, madame, ce sont des crimes...

— Monsieur le comte, il m'est impossible d'écouter une confession... Ceux qui ont des crimes à se reprocher doivent aller à l'église voisine, échanger le repentir contre le pardon.

La comtesse Hortensia était toujours debout, témoignant ainsi qu'elle ne voulait pas accorder un long entretien ; en prononçant cette dernière phrase d'un ton glacial, elle étendit la main vers la porte.

Il y eut quelques instants de silence.

Fabiano luttait avec émotion, se raffermissait sur ses pieds, habituait ses yeux à regarder cette femme, et passait avec la rapidité de l'éclair, d'une résolution audacieuse qui va tout braver, à la prostration la plus complète des facultés de l'âme et du corps.

— Monsieur le comte, dit la comtesse, j'attends toujours la communication de cette affaire importante que vous savez...

Et un sourire triste accompagna ces paroles.

Fabiano tressaillit à cette voix, qui avait trop de calme et de mélodie railleuse pour faire entrevoir quelque bonne lueur d'espérance au plus vaniteux des hommes. Une irritation infernale vint le secourir; il se rappela tout à coup ce regard de passion intelligente que la comtesse avait donné à un rival, le soir d'*Otello*, et la colère étouffant l'émotion, il redevint Fabiano.

— J'espère au moins, madame, dit-il, que vous ne me livrerez pas pieds et poings liés à votre marquis Viani. Si je vous demandais de l'amour, je ne m'étonnerais point d'un refus, mais je ne vous demande que de la générosité.

En disant cela les lèvres de Fabiano étaient si serrées par la colère intérieure, que les mots semblaient sortir de la poitrine sans passer par la bouche.

— Vous craignez donc bien le marquis Viani, monsieur?

Le volcan sicilien éclata.

— Non, madame, je ne crains pas le marquis Viani, je crains le Génois inquisiteur. Mais songez-y, madame, si vous avez mon secret, j'ai le vôtre, moi!

— Mon secret, monsieur! dit la comtesse en avançant d'un pas vers Fabiano.

— Oui, madame! et voilà l'importante affaire qui m'amenait ici... Dénoncez-moi à votre Viani, dites-lui que j'ai eu l'audace de vous aimer, afin qu'il me chasse de Gênes, et moi je lui dirai que vous entretenez des correspondances coupables avec les chefs de la Pologne révoltée; que vous trahissez les saints devoirs de l'hospitalité italienne; que vous conspirez ici comme vous avez conspiré avec votre coupable amie, la comtesse Plater.

— Au nom de Dieu! monsieur, parlez bas ou taisez-vous, dit la comtesse pâle et tremblante, les mains levées sur la bouche de Fabiano.

— Oui, madame, je parlerai bas, mais vous m'écouterez jusqu'au bout. Je lui dirai, au marquis Viani, que votre étourderie de coquette n'est qu'un masque sur le visage d'une amazone; que le plus compromis des généraux de votre insurrection (je n'ai pas besoin de vous dire son nom ici), est l'agent mystérieux de vos trames, et qu'il entretient à Paris vos folles espérances, je lui dirai, enfin, qu'il y a dans Varsovie un être...

La comtesse Hortensia se précipita sur Fabiano et lui ferma la bouche avec ses mains, en disant à voix basse:

— Arrêtez-vous, démon! Pas un mot de plus!

Et elle se laissa tomber sur un fauteuil.

A la vue de la comtesse Hortensia ainsi accablée, Fabiano, dévoré de mille sentiments opposés, fit quelques tours à grands pas dans le salon, et comme il levait machinalement les yeux vers un tableau à cadre neuf, il lut au bas: *Varsovie, janvier* 1832, *J. Wiganoski*.

C'était le portrait en pied d'un général polonais, le mari de la comtesse, évidemment.

Cela fut examiné au vol, mais retenu.

La comtesse gardait une immobilité de mort; elle était superbe de douleur, comme une statue funèbre de Michel-Ange sur le tombeau de Médicis.

Fabiano la contemplait avec cette volupté infernale que l'homme perverti éprouve dans ces situations où la femme orgueilleuse est dominée par une puissance irrésistible, et semble demander merci.

Cependant Fabiano s'estimait heureux d'avoir été arrêté au milieu de cette dernière phrase: *Il y a dans Varsovie un être...* qu'aurait-il pu ajouter? rien. Il est vrai que son habileté l'aurait toujours mis hors d'embarras, mais le cri et le geste de la comtesse l'avaient servi au delà de ses espérances: il s'était posé devant elle avec l'air triomphant d'un homme qui a la tête pleine de secrets terribles, et qui n'attend qu'une nouvelle provocation pour écraser une femme.

La comtesse découvrit son visage humide de larmes et rouge de l'incarnat de la fièvre, et dit avec une voix qui semblait attendrir les statues de marbre du salon:

— Monsieur le comte, une dame, une exilée, une amie de votre famille vous supplie de vous retirer.

Fabiano garda quelque temps un morne silence; puis il dit:

— M'est-il permis, madame, d'espérer de vous revoir?

— Vous avez trop de délicatesse, monsieur, pour m'imposer des conditions dans un pareil moment.

— Eh bien! madame, c'est dans un pareil moment que je vous fais une prière, dit Fabiano avec la grâce formidable du tigre qui allonge la griffe sur sa proie.

— Monsieur, la conduite que vous allez tenir à présent réglera la mienne vis-à-vis de vous dans l'avenir.

Fabiano hésita quelques instants, donna à la comtesse un dernier regard dans lequel la tendresse corrigeait la menace, et dit:

— Madame, celui qui a le pouvoir et la force vous obéit.

La comtesse fit un signe de la tête et de la main, comme un adieu bienveillant.

Dans l'antichambre, Fabiano trouva le domestique Antonini.

— J'étais là, dit l'Italien vendu à Fabiano.

— Bien! A demain, cette fois, à dix heures sur le pont de Carignan.

Fabiano reprit au galop le chemin de la villa Bianca. A la grille du jardin, il trouva Octavien qui se désespérait d'impatience.

— Enfin, te voilà! s'écria-t-il; j'avais tout épuisé pour les retenir; je leur ai fait cent histoires... As-tu l'édition de 1605?

— Elle est dans ma poche depuis ce matin, dit Fabiano en descendant de cheval.

Et entraînant Octavien vers la maison,

— Octavien, j'ai frappé un grand coup au palais Braschi. Cette femme est dans mon pouvoir! Le hasard m'a servi à merveille. Il y a une Providence pour les mauvais sujets comme nous.

Et il s'élança dans le salon, le Dante 1605 à la main.

La table était jonchée des débris de l'orgie dantesque. Un lac de punch avait été épuisé; les bols, sillonnés de scories, ressemblaient à des cratères de volcans éteints.

Le président Viani ouvrit l'édition 1605 à la page indiquée, et dit d'une voix éclatante:

— Le comte Fabiano, qui a consacré sa vie à l'étude de Dante, nous apporte le livre qui tranche souverainement la question. Oui, il est démontré que c'est par les conseils de la France que Dante alluma les flambeaux d'un hymen qui causa tous ses malheurs. *Indè iræ!*

La motion du président fut mise aux voix et adoptée à l'unanimité. La séance fut levée. Le comte Fabiano fut chargé de régler le procès-verbal et de l'expédier à l'Institut de France.

Le marquis Viani prit, sur la terrasse, le bras de Fabiano et lui dit :

— Comment nommez-vous ce jeune homme qui a découvert les véritables griefs de Dante contre la France ?

— Octavien d'Oropeza.

— C'est un bien beau talent, comte Fabiano !

— Un talent du premier ordre, marquis Viani ; un jeune homme que j'ai découvert comme on découvre un monde. Une académie en un seul homme ! Vous savez la nouvelle, marquis Viani ?

— Quelle nouvelle ?

— Oh ! une nouvelle affligeante pour la science... C'est M. Old-Born, le bibliothécaire de Leipsick, qui vient de me la donner. On va vendre à l'encan, à Leipsick, le fameux manuscrit de 1363, intitulé *Tesoro dei Dante !* Il n'y a pas de temps à perdre, et je veux l'acheter à tout prix.

— Très-bien ! comte Fabiano.

— Il faut envoyer à Leipsick M. Octavien d'Oropeza : je lui donnerai une lettre de crédit illimité.

— Bravo !

— Et vous, marquis Viani, vous lui donnerez un passeport..., mais un passeport soigné... parce que, dans ces temps de crise politique... vous comprenez... si le manuscrit est acheté, il faut que M. d'Oropeza puisse, avec son passeport, poursuivre l'acheteur à Berlin, à Pétersbourg, à Varsovie, à Vienne, partout... Vous comprenez, marquis Viani ?

— A merveille ! comte Fabiano, je lui donnerai un passeport recommandé. Reposez-vous sur moi.

— Il n'y a pas de temps à perdre...

— Soyez tranquille, comte Val di Nota. Notre jeune savant pourra partir demain.

— Le manuscrit est à nous !... Permettez-moi, marquis Viani, de vous accompagner jusqu'à votre voiture... A demain.

— A demain, comte Fabiano ; je vous dois une journée délicieuse... Comment nommez-vous ce grand et pâle jeune homme si sournois, qui n'a pas dit un mot et a refusé tous mes verres de punch ?

— Que vous êtes observateur, marquis Viani ! Ce jeune homme est Français ; il se nomme le comte de Mersanes.

— Est-il muet ?

— Malheureusement non ! par politesse, je lui ai demandé son opinion sur notre séance ; voici ce qu'il m'a répondu : Dante est un fou qui a écrit ses rêves, et il a trouvé d'autres fous pour les commenter.

— L'infâme blasphémateur ! Quoi qu'il en soit, comte Fabiano, la science a fait aujourd'hui un grand pas.

— Marquis Viani, je vous présente mes respects.

VI.

LE MAGNOLIA

La villa Braschi a été bâtie par l'architecte Tagliafico, à cet âge d'or de Gênes, où la générosité des grands seigneurs acheta tout le marbre de l'Italie, et le fit éclater en colonnes, en péristyles, en galeries, en escaliers, des rives du golfe à tous les étages des Apennins. La villa Braschi est légère, aérienne, voluptueuse comme une rêverie d'amour de l'Arioste ; avec ses balcons du levant, elle regarde la vallée du Lerbino ; avec ses kiosques indiens du couchant elle regarde la vaste mer. Ses colonnes rouges, sveltes et déliées jaillissent d'une immense corbeille de citronniers, comme une gerbe de fusées volantes ; son toit couronné de balustres, de petites statues, d'oiseaux essorans, de vases de fleurs, reçoit, en toute saison, le premier et le dernier sourire du soleil.

Il y a, au midi, sous le piédestal de rochers qui porte la villa, un petit amphithéâtre couvert d'une végétation agreste, et que l'art du jardinier a laissé dans un négligé adorable. Les boutons d'or, les marguerites reines, les tiges de lavande, les flèches vertes du genêt, les bouquets d'immortelles et de thym forment dans cet angle solitaire un jardin naturel, qui ne réclame aucun soin : toutes ces odorantes familles y vivent à l'aise, jouant avec la brise et les papillons, heureuses de n'être vues que de Dieu et du soleil. Çà et là quelques tamaris jaillissent des rides du roc, et se penchent sur la mer, comme des hommes au désespoir, qui murmurent une plainte d'agonie et de suicide avant de se précipiter dans l'abîme.

Auprès de ces arbres échevelés se lève, comme une pensée riante, un superbe magnolia aux fleurs d'argent, arbre charmant, adopté par le ciel d'Italie, et reçu comme un frère dans la famille des citronniers et des lauriers romains. Du pied de ce magnolia on découvre toute la ville de Gênes, ses églises de marbre où l'on prie quelques heures ; ses palais de marbre où l'on aime quelques jours, ses tombes de marbre, où l'on dort éternellement.

Le lendemain du jour qui avait vu la séance académique de Villa-Bianca, la belle comtesse exilée s'était retirée à la maison de campagne de la marquise Braschi, sa tante, et là, depuis une semaine, aucune visite importune n'était venue la troubler. Elle venait tous les jours, avant le coucher du soleil, s'asseoir au pied du magnolia, et assister, recueillie, à deux spectacles, les yeux de l'âme plongés dans l'abîme de ses souvenirs, les yeux du corps dans l'abîme de la mer.

Le septième jour, elle aperçut quelque désordre dans cette robe de fleurs agrestes que revêt la terre en cet endroit.

Au pied du magnolia le gazon avait été fauché. La comtesse examina l'arbre, et découvrit avec une sorte de terreur de petites lettres fraîchement gravées sur le tronc : sa première idée fut de s'éloigner et de ne rien lire, mais l'inscription était si courte qu'elle avait été lue au moment même où le devoir lui disait de s'éloigner. La comtesse lut donc ceci :

A UNE JEUNE VEUVE QUI VIEILLIT.

Un jour de fête,
Un jour de deuil !
La vie est faite
En un clin d'œil.

Dans ce coin silencieux et solitaire de la campagne, ces mots semblaient sortir de l'arbre comme un cri de désolation. La jeune femme lança un regard rapide autour d'elle, car elle s'imagina qu'une voix ou qu'un écho avait répété ces quatre vers, mais elle ne vit que la riante nature de tous les jours; elle n'entendit que le souffle qui monte de la mer, et fait incliner les marguerites sur la mousse du rocher.

Qui peut avoir écrit cela? pensa-t-elle, ce n'est pas Viani, il ne sait pas arrondir une lettre, d'ailleurs, c'est une main jeune qui se fait reconnaître à la vigueur de la ciselure. Ce n'est pas non plus le comte sicilien... Après la scène audacieuse qu'il m'a faite la semaine dernière, une modeste et timide visite à cet arbre ne peut être admise : il n'y a rien de son caractère là-dessous... Oh! il n'y a pas à douter un seul instant... c'est l'autre... C'est le noble comte de Mersanes! c'est la carte de visite d'un gentilhomme français.

Et la jeune femme vint se replacer devant l'arbre, et relut lentement les vers avec un sourire mélancolique. C'est lui aussi, dit-elle, qui a coupé ce gazon ! Oh! c'est lui ! il y a de certaines traces qui restent comme un nom écrit !

Elle chercha encore, au hasard, autour de l'arbre, comme pour faire quelque nouvelle découverte, et son pied recula, comme si la tête d'une couleuvre se fût dressée devant lui.

Sur la terre nue, toute dépouillée de gazon, il y avait un petit carré de feuilles vertes, artistement disposées, et se détachant du sol dévasté avec tant de relief, que la comtesse Hortensia s'étonna de ne les avoir pas aperçues du premier coup.

Elle examina quelque temps, avec une attention méticuleuse, et, pour ainsi dire, une à une, la position de ces feuilles, afin de pouvoir les remettre au besoin dans le même état, et en les sondant avec le doigt, elle entendit le léger grincement d'une feuille de papier.

La campagne était déserte, le regard embrassait l'horizon sans découvrir une forme humaine; aux environs, les arbres étaient si frêles qu'ils n'auraient pu abriter un enfant.

La curiosité de la femme, l'ennui de l'exilée, l'insatiable besoin d'émotion qui dévore les âmes ardentes, toutes les excitations fébriles qui conseillent de faire une chose défendue, lorsqu'il n'y a pas de témoins, poussèrent la main de la comtesse à retirer la feuille mystérieuse de son enveloppe de verdure : cette belle et blanche main tremblait comme si elle eût tenu le poignard de Psyché.

C'était une lettre ; elle avait été mise là, toute large ouverte, afin que rien ne prouvât qu'elle avait été lue ; car le dérangement des feuilles pouvait même être attribué au premier souffle du vent du Midi. La comtesse devina cette intention délicate de l'auteur de la lettre, et elle ne fut que plus hardie à tout lire jusqu'à la fin.

Il n'y avait point d'adresse, et point de signature à cette lettre ; mais elle était adressée et signée d'un bout à l'autre, comme on va le voir :

« Si cette feuille de papier ne rencontre pas le regard attendu, elle roulera de la montagne à la mer avec le premier torrent de l'été. Ce n'est pas un destin vulgaire.

« Dieu a semé sur ce plateau désert une foule de choses charmantes qui brillent à l'aurore et meurent la nuit, sans avoir réjoui un instant l'œil d'une créature. Je suis fier de mêler cette feuille obscure aux brillantes œuvres de Dieu.

« Voici ce que je voudrais dire à la femme qui, peut-être, ne m'entendra pas.

« Je veux qu'elle ajoute foi à mes paroles; il me semble que la sincérité se révèle comme un rayon de soleil; il me semble que le mensonge crie qu'il ment à toutes ses phrases; il me semble que la vérité tombe sur le papier avec une auréole à chaque mot.

« Je suis arrivé à l'âge de trente-trois ans. C'est l'âge où l'homme devrait mourir ; le Christ lui en a donné l'exemple. C'est l'âge où les illusions de la jeunesse s'en vont. On a déjà perdu un parent, un ami, un amour, une vocation, une joie ; on sent qu'il n'y a plus rien à gagner que les rides du visage et la neige des cheveux.

« C'est l'âge où l'on devine que la religion seule peut donner à la vie un but sérieux ; et si la foi est faible ou absente, on se retourne fiévreusement de tous côtés, vers tous les horizons, et l'on ne trouve rien qui donne une joie sérieuse au cœur.

« Il y a surtout des âmes ardentes qui, sur la foi de tout ce qui est beau et serein autour d'elles, se précipitent dans le monde avec une confiance aveugle, et lui demandent le bonheur promis et attendu. Celles-là se heurtent, à leur premier élan, contre un écueil, se blessent mortellement, et entretiennent leur plaie incurable jusqu'au tombeau. La poésie philosophique des Grecs, qui fit même de la mort une chose badine, avait inventé Eurydice, la jeune femme qui court joyeusement sur les hautes herbes de la prairie, et trouve une couleuvre sous ses pieds.

« J'avais un ami bien cher; Dieu me l'avait donné comme un frère, et ma mère l'avait adopté. Un jour, — il y a trois ans de cela, — je n'ai jamais vu un plus beau jour ; le ciel était tout azur et lumière ; le ciel semblait donner une fête à ce pauvre globe !.. La terre répondait au ciel par un ouragan. Nous nous égorgions entre frères à coups de canon. Le tonnerre des hommes foudroyait le ciel qui restait serein par bonté.

« Mon ami sortit de sa demeure avec une idée au front; une idée noble, mais une idée ! J'étais avec lui. Cent mille autres étaient avec nous. Les tambours battaient la charge ; la fusillade éclatait dans les rues, les drapeaux flottaient aux balcons, la fumée couvrait le soleil, les hommes criaient sur les barricades, les femmes applaudissaient aux fenêtres ; il y avait une frénésie écarlate sur tous les visages, une flaque de sang à tous les pavés, une odeur de carnage dans l'air, une exhalaison de volcan partout. J'entendis un cri à mon côté. Je regardai mon ami ; il était pâle et chancelant. Je le soutins dans mes bras ; il me dit adieu du bout des lèvres ; il expira. Une balle suisse l'avait frappé au cœur devant les Tuileries. Je rapportai son cadavre à notre mère. La pauvre femme fut blessée du même coup : je la perdis... Une douleur vive tue comme une balle de plomb.

« Ces choses se passaient le 29 juillet 1830, à Paris; jour de deuil comme tous les jours de victoire !

« Il y a des douleurs qui s'écoulent avec les larmes; il en est d'autres qui épuisent les pleurs et qui continuent ensuite avec les sourires. Ces dernières douleurs sont les miennes ; je les garde comme un trésor.

« J'aimais une jeune femme, bien avant cette cruelle époque : cette femme pleura mon ami et ma mère ; elle m'était chère par sa grâce, elle me fut sacrée par sa douleur. Je croyais n'avoir jamais d'autre épouse qu'elle. Autre fatalité! ma jeune fiancée, accompagnée de sa mère, alla demander la santé au ciel de Sorrente. Je vins en Italie aussi ; j'y trouvai un troisième deuil. Ma fiancée mourut. Naples tue comme Paris!

« Alors j'eus horreur de moi-même ; je me figurai que j'avais en moi une influence fatale qui frappait de mort tout ce qui m'était cher. J'étouffais en mon cœur tout principe d'affection dès qu'il se révélait ; je me condamnai à une vie d'isolement absolu, redoutant même de contempler une fleur avec amour, de peur de la voir se flétrir à l'instant sous mes yeux.

« Au bout de quelques mois, cette vie me parut intolérable. Être là pour aimer toujours et vivre pour haïr ! Ma raison s'égara. Une idée infernale s'alluma dans mon cerveau et ne s'éteignit plus.

« Je résolus de finir ma vie par un suicide.

« Une sorte de joie qui m'était inconnue accompagna cet arrêt de mort prononcé par moi. Dans mon délire, je me croyais le formidable possesseur des vertus homicides que l'on attribue au *Boon-upas*, l'arbre indien qui tue avec son ombre. J'étais héroïque à mes propres yeux, en ayant la force de m'extirper d'une terre où mon existence était un fléau vivant.

« Je fis mes dispositions suprêmes : je léguai ma fortune à la mère de celle qui devait être ma femme ; je déposai mon testament à mon hôtellerie de la *Victoire*, à Naples ; j'écrivis à mon ambassadeur une lettre dans laquelle j'annonçais mon suicide, et m'étant ainsi placé dans la nécessité de mourir, je sortis de la demeure des hommes pour n'y plus rentrer.

« C'était un dimanche de la belle saison. Je m'acheminai du côté de la mer, cherchant le gouffre de ma tombe, dans quelque coin retiré où je n'aurais que les rochers pour témoins.

« Dans cette matinée de désespoir, la Providence me gardait un de ces incidents fort simples en eux-mêmes, mais qui peuvent ébranler une résolution.

« Une procession de villageois, jeunes gens, vieillards et jeunes filles, descendit sur mon sentier, et me barra le passage. C'était la fête des Rogations. Théorie de la Grande-Grèce baptisée avec Constantin. Le prêtre bénissait les fruits de la terre et les fruits de la mer ; la sainte sérénité du dimanche rayonnait partout ; les petites vagues du golfe accompagnaient de leurs voix charmantes l'*Ave maris stella* des jeunes filles ; la mer reflétait le feu du soleil et des cierges ; l'encens de l'église montait au ciel avec les parfums du golfe ; l'or et l'azur inondaient l'air ; tout ce qu'il y a de tristesse lourde au fond du cœur de l'homme s'échappait devant ce spectacle tranquille, plein de grâce et de suavité.

« Un pauvre paysan, vieilli dans les sueurs du sillon, me présenta un des cordons de soie de la bannière de la Vierge ; la sainte image rappelait dans sa naïveté le tableau primitif de Cimabuë, que l'Italie entière parfuma d'encens et couvrit de fleurs. Il me sembla que la grande patronne du ciel venait en aide au naufragé, qu'elle me tendait une main propice et un lien sauveur qui me retenait au rivage. Je n'eus pas la force de lutter contre une puissance manifestée avec tant de douce séduction ; je me mêlai à la fête catholique, et je rentrai avec elle dans la petite église de Resina qui se protège du volcan voisin avec une croix.

« Je passai plusieurs jours à l'ombre de cet humble sanctuaire, où viennent pleurer à genoux de pauvres femmes simples de cœur, où elles se relèvent consolées. Il me semblait que j'avais changé de monde. Un horizon nouveau se déroula devant moi. Je compris que toute douleur morale porte avec elle son remède, qui est au ciel, comme toute douleur physique trouve son baume dans les plantes des jardins et des collines. Au lieu de cette tristesse pesante qui gonflait mes veines, et brisait mon front, je sentis naître dans mon âme une mélancolie pieuse, qui est peut-être cette fête continuelle du cœur dont parle le livre saint.

« Ma première visite était donc terminée ; j'avais tous les bénéfices de la résurrection, sans avoir passé par la tombe. Il résultait pour moi vaguement de cette position étrange un avenir sans inquiétude, et coloré même d'un charme inconnu.

« Je résolus de ne jamais rentrer en France, afin de laisser jouir paisiblement mon héritière du legs que je lui avais abandonné par mon testament.

« Au reste, lorsqu'on a eu le bonheur de mourir une fois dans sa vie, on s'inquiète fort peu des misères et des éventualités prosaïques de l'avenir.

« A l'expiration de mon triple deuil, j'étais à Sienne, que j'habitais depuis un an. Sienne est une ville merveilleuse : c'est une autre Florence qui s'est égarée au désert, et qui est restée sur une crête des Apennins, silencieuse et solitaire, pour servir d'hôtellerie à Michel-Ange et à Raphaël, les plus illustres des pèlerins de Rome.

« Le séjour que j'ai fait dans cette ville sainte m'a renouvelé. Sienne m'a donné cette suave mélancolie qui est en elle, et cette passion de solitude et de recueillement qu'elle nourrit depuis deux siècles, sans ennui.

« J'ai visité ensuite la madone de Cimabuë, à Santa-Maria-Novella de Florence ; elle avoisine la chapelle

Au même instant, la comtesse poussa un cri et arracha la fleur de sa tête; un homme s'était levé du milieu d'un buisson.

des Rucellaï. J'ai déposé sur son autel une prière et un don; mais je n'ai pu payer la seconde vie que la céleste image m'accorda.

« A cette aurore de ma résurrection, je me sentais entraîné vaguement vers quelque affection tendre qui était dans mes rêves et que je ne pouvais définir. J'avais besoin d'un isolement à deux. Mes anciennes idées, celles qui me poussèrent au suicide, étaient sorties de mon esprit. Il me semblait que le mauvais levain de mon âme avait disparu, et que mes pèlerinages aux lieux saints de l'Italie venaient de me purifier comme un second baptême.

« C'est alors que je vis rayonner sous les grands pins de la villa Pamphili, sous les voûtes de Saint-Pierre, une femme plus belle que la plus belle divinité, peinte dans l'Olympe de la *Farnesina* par la main de Raphaël. O faiblesse de l'homme! Je fermai les yeux pour ne pas voir cette femme, et je la vis reluire sur le fond ténébreux de ma pensée dans un relief étincelant, comme si quelque pouvoir surnaturel eût déjà gravé son image dans mon cœur.

« Et maintenant ma vie est à cette femme comme ma mort est à Dieu.

« Gênes, juin 1833. »

La comtesse Hortensia s'estima heureuse d'être seule en un pareil moment, car malgré sa fermeté virile, elle n'aurait pu maîtriser une émotion qui se trahissait sur son visage et dans son maintien. De quel sentiment provenait cette émotion? elle-même eût été fort embarrassée de le dire. Après cette lecture, et dans ce désert, la jeune femme éprouvait sans doute ce trouble mystérieux qui ne vient pas encore d'une passion, mais qui lui sert de précurseur. Isolée et exilée, poursuivie avec un acharnement infernal par deux hommes, l'un tout-puissant par son titre, l'autre par sa fortune et son audace, elle osait se demander à elle-même si elle ne réclamerait pas l'appui de ce noble et jeune Français qui semblait avoir été sauvé du suicide afin qu'elle fût sauvée par lui.

De jour en jour la position de l'étrangère proscrite devenait plus alarmante.

Le marquis Viani, qui n'avait pas l'excuse de la jeunesse pour se faire pardonner en public une passion coupable, affectait devant le monde des airs d'indifférence ou d'amicale protection; mais lorsqu'il se trouvait seul avec la comtesse, il parlait un langage violent qui n'était pas celui de l'amitié, car dans chaque phrase perçait la menace de l'homme du pouvoir ou de l'inquisiteur amoureux qui met sa protection à un prix révoltant.

Le comte sicilien inspirait une autre sorte de terreur; depuis sa dernière scène, il semblait s'être effacé; mais son caractère et ses antécédents rendaient plus formidable encore cette inaction apparente. On le redoutait comme un de ces ouragans qui éclatent plus terribles après une longue sérénité. Restait à la comtesse une seule ressource : la fuite; elle était impossible.

La lettre reçue le lendemain du bal du *Cambrian* lui annonçait que tous ses biens avaient été confisqués et quoiqu'elle eût l'espoir d'être indemnisée un jour de cette spoliation, il fallait se résoudre à vivre résignée dans la famille de la marquise Braschi sa tante, et attendre les événements.

La comtesse Hortensia, dominée par tant de pensées désolantes, tenait toujours la lettre du comte de Mersanes, et relisait lentement les passages où éclataient la sincérité du cœur et la loyauté de l'honnête homme. Dans ce moment, elle n'osait encore prendre une détermination contraire à sa dignité ; elle ne voulait pas aussi affliger le comte Anatole par quelque procédé dans lequel il aurait pu voir l'indifférence ou le mépris. Elle fit tout ce qu'elle pouvait faire dans la limite des convenances; elle garda la lettre et dispersa les feuilles qui l'avaient couverte. Garder la lettre, c'était répondre. Le comte de Mersanes, d'ailleurs, ne demandait rien de plus pour le moment.

La jeune femme jeta un dernier et tendre regard au beau magnolia, seul confident de cette scène, elle coupa une de ses belles fleurs, celle que la main d'Anatole avait écartée pour écrire les vers, et elle la posa dans ses cheveux.

Au même instant, la comtesse poussa un cri et arracha la fleur de sa tête; un homme s'était levé du milieu d'un buisson de chênes-nains, et, les mains jointes, il retombait à genoux.

VII.

ANTONINI.

Cet homme qui semblait sortir de la terre comme une apparition était le comte de Mersanes.

La comtesse Hortensia resta immobile; après un moment de frayeur, elle se sentit excitée par cette prompte réaction de courage qui ne fait jamais défaut, dans les grandes occasions, aux âmes énergiques : un sourire charmant ramena sur sa figure le teint de la jeunesse et de la santé; elle croisa nonchalamment les bras sur sa poitrine, et elle dit :

— Relevez-vous, monsieur, relevez-vous; ne me laissez pas croire que vous demandez un pardon.

— C'est pourtant la seule chose que je demande à présent, dit le comte en faisant quelques pas vers la jeune femme.

— Tout pardon suppose une faute, monsieur, et vous ne l'avez point commise. Cet angle de la montagne est à vous, comme à moi, comme au premier artiste qui cherche un point de vue; et certes, il faut convenir que l'atelier du peintre serait bien choisi; voilà un paysage qui pose admirablement sous nos pieds; il est à regretter que les oiseaux ne sachent pas peindre. Quel ravissant tableau de campagne, de ville et de mer !

— Je ne puis rien voir que vous, madame, en ce moment.

— Monsieur le comte, réservez votre galanterie française pour le salon; à la campagne il faut d'autres mœurs.

— Vous avez raison, madame; devant les sublimes œuvres de Dieu, on ne doit parler qu'une langue sérieuse...

— Ah! je vous arrête, comte de Mersanes; vous oubliez nos conditions. Vous savez que j'abhorre la tristesse à la ville. Voyez, le ciel nous donne l'exemple de la gaieté : imitons le ciel.

— Je n'ai point oublié nos conditions, madame ; je n'ai point oublié aussi que vous avez daigné me permettre de vous présenter mes hommages...

— Oui, monsieur le comte, mais je vous avoue que je n'attendais pas votre visite, à mille toises au-dessus du niveau de la mer, entre un pin et un magnolia. Aussi je n'accepte pas cela comme une visite ; c'est une rencontre ; nous sommes venus herboriser dans le même coin des Apennins.

— Madame la comtesse, c'est le hasard qui m'a conduit ici...

— Le hasard! monsieur le comte! dit la jeune femme en riant, le hasard!.. c'est justement ce que je vous disais... les Apennins ont quatre cents lieues de longueur; le hasard nous a fait tomber tous deux à la même heure, sur le même point. Cela s'est vu.

— Ayez la bonté de m'écouter, madame, et peut-être vous excuserez une hardiesse qui vous déplaît, je le vois.

Mardi dernier, j'étais assis au lever du soleil, sur le pont de Carignan; j'aime à voir poindre le jour dans cet abîme de maisons, du haut de l'arche colossale. Il y a pour moi une idée attachée à ce spectacle. A quelques pas, dormait un mendiant. Je regardais le mendiant et le soleil. Un rayon tomba obliquement sur les paupières du misérable, et le réveilla, comme un valet de chambre réveille un grand seigneur à l'heure dite.

La première chose que fit le mendiant fut de me demander l'aumône; je crus devoir faire une honorable largesse à cet homme qui avait pour lit le pont de Carignan, pour lambris les saintes étoiles, pour chambellan le soleil. De son côté, le mendiant, qui sans doute allait se mettre en route et exercer son état, se crut obligé de rester à quelques pas de moi pour me chanter un long remerciment dans cette langue italienne qui a été inventée pour la musique, l'aumône et l'amour.

En ce moment, un domestique porteur d'une livrée que je crus reconnaître arriva de la ville sur le pont. Il marchait d'un pas très-hâté. Après avoir jeté un coup d'œil sur les deux parapets, il s'approcha du mendiant et lui dit :

— Veux-tu gagner un écu?

— Je crois bien! deux écus même...

— Écoute. Tu ne bougeras pas du pont.

— C'est facile.

— Au coup de dix heures, dit le domestique en appuyant sur chaque mot, tu verras venir vers toi un beau jeune homme habillé comme le fils du gouverneur, marchant le nez au vent, avec du feu dans les yeux ; il cherchera quelqu'un ici, et il ne le trouvera pas. Ce quelqu'un, c'est moi. Tu iras à lui et tu lui diras : Votre seigneurie cherche-t-elle le domestique Antonini? Rappelle-toi ce nom.

— Antonini, Antonini...

— Il te répondra : Oui. Alors tu lui diras qu'Antonini a été obligé de suivre à sept heures, ce matin, madame la comtesse, qui va passer l'été à la villa Braschi avec sa tante et tous les domestiques... As-tu bien compris?

— Soyez tranquille, je ferai votre commission comme vous-même.

— Tiens, voilà ce que je t'ai promis, et à mon retour je ne t'oublierai pas.

— Il y a quelque amourette là-dessous, hein?

— Cela ne te regarde pas. Fais ce que je dis et et tais-toi...

Tout cela m'a paru fort étrange, et je vous prie, madame, de me pardonner si je me suis permis d'attendre dix heures pour connaître ce personnage mystérieux qui disposait ainsi d'un domestique de votre maison.

Pendant ce récit du comte de Mersanes, la comtesse appelait à son aide tout son sang-froid pour déguiser son émotion.

Le comte Anatole poursuivit ainsi :

— Je me plaçai sur une éminence de l'autre côté du pont, près de l'église de Carignan, et, j'attendis. A l'heure convenue, je vis arriver à pas précipités le comte Fabiano Val di Nota. Le mendiant s'avança, et remplit sa commission. Je remarquai le vif mouvement de dépit et de surprise que fit le seigneur sicilien. Il regarda la terre, le ciel, le fleuve de maisons qui semble couler sous le pont de Carignan, et frappant l'air avec sa canne, comme pour se venger de quelqu'un par contumace, il courut du côté de la ville, et disparut. Voilà, madame, le hasard qui m'a fait découvrir votre retraite. La trahison de l'un de vos serviteurs m'était acquise ; j'ai cru voir au fond de cette trame, ourdie par un homme puissant et plein d'audace, quelque danger pour vous, et c'est pour cela,
madame, que je me suis placé ici, pour vous porter mon aide, si la circonstance le réclamait.

— Je vous remercie, monsieur, de l'intérêt amical que vous me portez, dit la comtesse avec un son de voix émue ; veuillez bien me donner le bras jusqu'à la maison ; vous vous y reposerez quelques instants, et je vous présenterai la marquise Braschi, ma tante.

Anatole et la jeune dame marchèrent silencieusement vers la villa. La distance était fort courte ; aussi M. de Mersanes aima mieux se taire que commencer un nouvel entretien qu'il n'aurait pu achever.

Sur la terrasse, il y avait plusieurs domestiques occupés à rouler de petites tentes de coutil rayé.

— Est-il là? le reconnaissez-vous? dit la comtesse à voix basse.

— Je le reconnais parfaitement, dit Anatole, c'est celui qui ne travaille pas et qui nous regarde.

La comtesse fit signe à Antonini d'approcher ; le domestique s'avança.

— Antonini, lui dit la comtesse, mardi dernier, à sept heures du matin, vous étiez sur le pont de Carignan?

— Oui, madame la comtesse, répondit le domestique avec une effronterie qui pouvait passer pour de l'innocence.

— Que faisiez-vous là, à cette heure?

— Je me promenais.

— Vous avez parlé à un mendiant?

— C'est possible ; j'aime à faire l'aumône, le matin. Madame la comtesse m'a donné cet exemple.

— Vous avez donné à ce mendiant une commission?

— Quelle commission? dit le domestique en pâlissant.

— Votre demande est un mensonge. Antonini, vous êtes un misérable ; vous avez trahi votre maîtresse, je vous livrerai aux hommes de justice, vous serez puni comme vous le méritez.

Antonini se jeta aux pieds de la comtesse, et la supplia de lui pardonner.

— Sortez de chez moi, à l'instant même, ajouta la comtesse, à l'instant même ; entendez-vous! pas un mot de plus.

En ce moment, Anatole éprouva un sentiment de joie ineffable ; il sentit le bras de la jeune femme se serrer contre le sien. C'était un remerciment muet, mais énergique, adressé à l'homme loyal et dévoué.

Le domestique se leva, et marcha vers la maison, pour faire ses préparatifs de voyage.

— Maintenant, dit la comtesse à Anatole, je vais vous présenter à ma tante, et vous laisser avec elle quelques instants. J'ai deux mots à écrire au secrétaire du marquis Viani.

Cette lettre, qui arriva à la ville avant Antonini, recommandait au chef de la police de faire embarquer sur-le-champ, pour être envoyé à Civita-Vecchia, le domestique Antonini, que la comtesse Hortensia avait retiré, à Rome, de la mendicité, pour l'attacher à son service.

Le serviteur qui portait cette lettre était aussi chargé de signaler Antonini à la police ; toutes les mesures furent prises pour le faire arrêter avant la nuit, et l'envoyer à bord de l'une de ces felouques toujours en partance pour le littoral romain.

Le jour était près de finir, lorsqu'Anatole de Mersanes prit congé de la comtesse Hortensia. Ils étaient seuls sur la cime de l'escalier taillé dans la montagne et suspendu sur la ville.

— Vous aviez raison, monsieur le comte, dit la jeune dame; c'est un bien singulier hasard qui vous a fait découvrir une pareille trahison.

— Je ne crois point au hasard, répondit le comte; je crois à la Providence, qui veille sur les nobles et saintes exilées.

— Vous ne croyez donc plus alors, monsieur, à cette influence fatale qui était en vous?..

— Oh! madame! s'écria le jeune homme ivre de joie; vous avouez que vous avez lu ma lettre, et vous me pardonnez ainsi de vous l'avoir écrite!

— Je l'ai lue, monsieur, et je crois tout ce qu'elle contient.

— Je regrette alors, madame, de n'avoir pas écrit une page de plus.

— Ne regrettez rien, monsieur, vous avez tout dit.

La jeune dame tendit la main au comte de Mersanes, et fit luire ce sourire qui divinisait sa beauté. Anatole serra la main offerte, et murmura quelques mots d'adieu.

— Souvenez-vous de cet escalier, dit la comtesse.

— C'est l'escalier du ciel, dit le comte en se retournant sur la quatrième marche; je plains celui qui le descend.

— Je connais un comte qui ne le montera jamais... Ce n'est pas vous; adieu, monsieur.

Le comte Anatole sentait son cœur se serrer à chaque marche qui l'éloignait du voisinage du ciel, en le rapprochant de la terre. Arrivé au bas de cette nouvelle échelle de Jacob, il regarda au zénith, et il lui sembla que tous les anges étaient entrés dans la céleste demeure, et qu'un seul apparaissait encore au sommet, laissant tomber sur lui un signe de ses mains ou de ses ailes, du milieu d'une corbeille d'aloès.

Il poursuivit sa route vers le faubourg voisin, attachant une pensée d'amour sur les plantes agrestes, les maisons rustiques, les saintes chapelles, les sources d'eaux vives, qui décoraient le sentier. Un espoir rempli de secrètes extases donnait à son âme une joie si vive et si soudaine, qu'elle semblait emprunter, par moments, les aiguillons de la douleur. Depuis ce premier regard, lié pour toujours au souvenir du duo d'*Armida*, le comte Anatole n'avait pas ressenti une ivresse pareille. Alors, à cette révélation qui éclata sous la mélodieuse aspiration: *Amor possente nome*, le jeune homme douta de son bonheur avec cette noble méfiance des nobles âmes; il n'osa croire en lui et en elle; il s'accusa même d'avoir donné, par amour-propre, trop d'importance à un regard qu'un capricieux mouvement de tête avait dirigé par hasard sur lui, et que l'ivresse de la musique anima, en l'absence de l'amour. Mais aujourd'hui, l'homme le moins vain pouvait se livrer sans crainte à tout le délire d'une espérance infaillible. De Mersanes avait laissé à la villa Braschi, dans le cœur d'une femme, cette impression charmante qui, peut-être, n'est pas encore l'amour, mais qui le sera.

Antonini, le serviteur chassé de la maison Braschi, fut arrêté par des hommes de police, à quelques pas de la porte de l'Est, devant l'église *della Consolazione*: il voulut d'abord faire quelque résistance, ne sachant quel sort on lui réservait; mais il avait à lutter contre trois sbires vigoureux qui le maltraitèrent rudement, le mirent dans un canot, et le consignèrent à la garde du capitaine sur une felouque de Fiumicino, qui devait mettre à la voile le lendemain. Le chef des sbires remit un ordre écrit au capitaine, qui répondit sur sa tête du prisonnier.

Antonini était un jeune Transtéverin fort intelligent, fort rusé, plein d'audace et de résolution. Il jugea de l'importance des services qu'il avait rendus et qu'il pouvait rendre encore, par ce luxe de précautions prises contre lui. Il comprit que sa fortune serait faite, s'il pouvait apprendre tout ce qui se passait au comte Val di Nota. Retenant sa pensée en éveil pour saisir la première occasion favorable, il s'étendit sur un rouleau de cordages et fit semblant de dormir.

La nuit tombée, le capitaine ordonna au mousse d'aller faire la provision d'eau à la fontaine Saint-Christophe, qui coule sur le quai du port.

Le mousse faisait ses petits préparatifs, et, comme il passait à côté d'Antonini pour prendre un baril vide, il sentit une main qui touchait légèrement son pied nu, et vit une autre main qui lui présentait deux grandes pièces d'argent fort luisantes.

Le mousse avait vu briller un trésor; il se pencha, comme pour mettre en ordre une liasse de cordes, et examina le trésor de plus près, ayant soin de mettre son oreille sur la bouche d'Antonini. Dans cette position, il entendit ces mots légers comme un souffle:

— Prends ces deux écus, et, à ton retour, je t'en donnerai deux autres. Va à Piazza-Amorosa, en volant comme un goëland, tu frapperas à la porte du premier palais peint, à droite, et tu feras dire par un domestique au comte Val di Nota qu'Antonini est prisonnier à bord de *la Vergine-del-Carmelo*, et qu'il n'y a pas un instant à perdre. Si l'on t'interroge, dis tout ce que tu as vu.

Le mousse prit l'argent, roula quelques cordages par contenance et dit à Antonini:

— *Piazza-Amorosa*, le comte Val di Nota, Antonini.

— Bien! dit Antonini, va.

Le mousse descendit dans la chaloupe.

Le capitaine soupait avec les matelots, à six pas d'Antonini.

Rien ne réussit comme un mauvais coup. Le mousse, avec cette intelligence italienne qui n'a pas d'égale dans les classes inférieures, remplit sa mission avec un grand succès.

Une heure après, le comte Fabiano paraissait à bord de la felouque; il était éblouissant comme un écrin de pierreries: l'équipage de *la Vergine-del-Carmelo*, composé de six hommes déguenillés, s'inclina devant lui; un demi-clair de lune mettait dans un relief mystérieux la figure distinguée du jeune seigneur sicilien, et le luxe de son costume.

— Où est le capitaine? demanda Fabiano d'un ton leste, comme celui d'un vice-roi de Sicile.

— C'est moi, répondit le capitaine dont le corps s'était brisé en angle aigu.
— Quel est ton pays?
— Je suis de Bagna-Cavallo, dans les États-Romains.
— Cette *barcaccia* est à toi?
— Oui, mon prince.
— As-tu des marchandises à bord?
— Je suis en lest.
— Quand pars-tu?
— Au jour.
— Voici une bourse pleine d'or, regarde... touche... c'est pour toi. Conduis-moi tout de suite à deux portées de fusil après San-Piétro-d'Arena. Tu partiras de là. Point de voile, il n'y a pas de vent; à la rame.

L'équipage se précipita sur les rames, et la felouque sortit du port, dirigée vers le point demandé.

Quand le petit bâtiment eut dépassé Villa-Bianca, Fabiano dit au capitaine avec ce ton impérieux qui supprime toute réplique :
— Mets ta chaloupe en mer... Je t'achète cette chaloupe... elle vaut bien trois écus, je t'en donne cinquante, et cette montre d'argent avec sa chaîne... les voilà.

L'équipage se jeta aux genoux de Fabiano.
— Écoute, capitaine de coquille de noix, ajouta Fabiano, je te défends de rentrer dans le port de Gênes; je te laisse tous les autres ports de la Méditerranée pour ton commerce de terres cuites... Voilà de plus une gratification pour ton équipage... et je te reprends mon domestique qu'on m'a volé... Ici, Antonini !

Antonini se leva et sauta lestement dans la chaloupe avec Fabiano. Le capitaine, ébahi, les regarda faire, son bonnet rouge serré entre ses mains. En vingt coups de rame la chaloupe arrivait devant Villa-Bianca.

Un vieux concierge ouvrit les portes de la villa au maître et se retira.

— Écoute, dit Fabiano à Antonini, tu ne bougeras pas de cette maison pendant dix jours. Songe que tu m'appartiens, que tu me dois la vie, que j'ai ton secret. Tu es intelligent, tu es brave, tu es jeune, je te mènerai loin. Dès ce moment ton rôle va changer. Tu as la mémoire des noms; tu t'es souvenu du mien et de celui de ma demeure que tu n'as entendu qu'une fois, il y a cinq jours, quand tu descendis de Villa-Braschi ; avec cette qualité tu feras fortune. Voici ma bibliothèque; tu apprendras par cœur les titres de ces ouvrages; les titres seulement, ne prends pas la peine d'ouvrir les livres. Tu laisseras croître ta moustache et tes *baffi*, comme un Calabrais. Tu prendras l'habitude des poses distinguées en regardant tous ces portraits. Tu choisiras dans mon cabinet de toilette ceux de mes habits qui te conviendront, et tu t'exerceras à les porter avec aisance. M'as-tu bien compris?
— Oh! parfaitement, monseigneur; vous serez content de moi.
— Tu n'as jamais rien fait dans ta vie?
— Rien, altesse.
— Bon! c'est ce qu'il faut pour faire quelque chose de bien... Quel âge as-tu?
— Vingt-cinq ans.
— Où as-tu passé tes premières années?

— A Rome. J'étais *San-Pietrino*.
— Tu as donc travaillé?
— Non, monseigneur. On me donnait deux *pauls* par jours, et je brossais les lions du tombeau de Clément XIII. Un métier de fainéant.
— Et pourquoi l'as-tu quitté?
— Parce que cela m'ennuyait de brosser de grands lions tous les jours. Et puis les Anglais se moquaient de moi.
— Tu es un brave garçon. Tu ne méritais pas de brosser deux lions toute ta vie. Tu as mieux aimé demander l'aumône, à la porte de tous les cardinaux, n'est-ce pas?
— Certainement.
— Bien, tu as le cœur bien placé. Voilà les sentiments qu'il me faut; Antonini, tiens-toi prêt, dans dix jours, à suivre les ordres que je te donnerai. Ici, mon vieux concierge aura soin de toi. Je rentre à la ville parce qu'on va fermer les portes bientôt. Encore deux mots. On t'a chassé de Villa-Braschi, parce qu'on t'a soupçonné de me servir, n'est-ce pas?
— Certainement, monseigneur.
— Est-ce la comtesse qui t'a chassé?
— Elle-même; mais c'est son amant qui m'a dénoncé.

Fabiano fit un bond, et vit toutes les étoiles au lambris de la salle.
— Son amant! son amant, dis-tu? Quel est cet amant?
— Un grand monsieur brun et pâle, qui m'a enfoncé ses yeux dans ma poitrine comme deux stylets.
— Et cet homme est à Villa-Braschi?
— Oui, monseigneur; c'est le comte de Mersanes.

Fabiano raidit ses bras, ferma ses poings, et baissa la tête sur le parquet.
— C'est bien, dit-il d'une voix calme qui formait un effrayant contraste avec son agitation.

Et il sortit.

Fabiano traversa en courant le faubourg *San-Piétro-d'Arena*, et arriva devant les remparts au moment où l'on fermait les portes. Il put encore entendre le bruit des chaînes du lourd pont-levis qui semblait lui dire, en fermant sa gueule énorme : Il est trop tard!

La nuit était sereine; la ville allait s'endormir, étouffée dans sa ceinture de remparts.

Fabiano un instant contrarié par la brutalité inexorable du pont-levis, sentit que, dans l'agitation qui le dévorait, c'était une sorte de bonheur pour lui d'être obligé de respirer l'air de la montagne et du golfe, loin de ces palais de marbre, tombeaux des vivants, dans les nuits d'été. Il se jeta sur le premier de ces sentiers qui serpentent au flanc des collines; et, d'étage en étage, il atteignit les plateaux charmants où semblent dormir avec une voluptueuse nonchalance, comme des harems d'Asie, les villes Spinoletta, Franzoni et Pallavicini.

Il était minuit, car le clocher des Capucins sonnait l'office de *matines*, lorsqu'il arriva devant la villa Braschi.

Il y a dans les bruits nocturnes des ressemblances singulières avec des bruits de pas, des plaintes humaines, des paroles dites à voix basse, tout cela si exactement noté qu'on se retourne pour voir, qu'on se recueille pour écouter. Fabiano s'était enfermé dans un massif d'arbres, et il croyait distinguer des voix humaines dans les allées sombres qui aboutissent à la villa : il croyait même entendre prononcer le nom harmonieux d'une femme, et il lui semblait aussi que les feuilles résineuses, tombées des pins, en aiguilles de verdure desséchée, craquaient sous les pieds de deux promeneurs mystérieux.

La jalousie, ce monstre qui brûle le cœur avec un tison, le front avec la fièvre du délire, la langue avec une sueur amère, avait allumé son bûcher autour du comte Fabiano ; cette nuit si pure, ce firmament si prodigue d'étoiles, ce concert des arbres et des eaux, cette extase voluptueuse qui enchantait la demeure aérienne, tout à ses yeux, était sombre comme ce royaume désolé que l'Euménide entrevoit, assise sur son lit de fer. Haletant, ivre de rage, l'œil égaré, la main à son poignard, Fabiano attendit, toute la nuit, ce rival heureux et invisible dont les échos lui apportaient les paroles ; mais rien ne parut. Aux premières lueurs de l'aube, les ombres perdirent leur mystère, les fantômes s'évanouirent, la jalousie seule resta.

Le comte Fabiano, se faisant éclipser par les arbres, de peur d'être découvert par quelque fenêtre matinale, se glissa furtivement jusqu'au grand escalier, et le descendit au vol comme s'il eût été précipité de la cime. Rentré sur les domaines de la nature, il se cacha de nouveau derrière un buisson de câpriers pour épier le passage de l'homme qui devait, d'après une conjecture infaillible, rentrer en ville avant le lever du soleil : il attendit longtemps, et le pommeau de son poignard suait de la sueur des mains.

Les rayons de l'est jaillirent enfin de la crête apennine la plus élevée, et ils allongèrent démesurément une ombre humaine jusqu'au buisson de câpriers. L'ombre s'agitait avec de brusques ondulations qui ne paraissaient pas appartenir au corps d'un gentilhomme. Fabiano, l'œil fixé sur cette silhouette éternelle, sentit ses forces défaillir, et il laissa tomber son poignard avant l'apparition du corps.

Il essuya ses yeux voilés par le feu de la veille, et il aperçut un domestique d'un âge mûr, tenant une lettre à la main et la regardant à chaque instant comme s'il eût craint de la perdre. Dès que le domestique eut disparu, Fabiano s'élança comme un vautour, et en quelques bonds il se remit sur la piste du domestique, et entra bientôt dans la ville avec lui.

Le domestique traversa la strada Balbi, descendit *San-Ciro*, et entra dans l'hôtellerie de Michel. Fabiano le suivit nonchalamment, de l'air d'un voyageur qui va chez lui, et il entendit ces mots prononcés en mauvais italien :

— M. le comte de Mersanes est logé dans cet hôtel ?
— Oui, répondit une voix.
— Voici une lettre qu'il faut lui remettre à son lever.

Fabiano rebroussa chemin, et comme son inspiration était aussi agile que son pied, il devina tout de suite ce qu'il fallait faire.

Quoique le jour fût trop peu avancé pour oser aventurer une visite, il frappa effrontément à la porte du marquis Viani, et il dit au valet de chambre de l'annoncer.

— Le seigneur marquis n'est pas sorti de sa chambre, lui répondit-on.
— Eh bien ! dit Fabiano, annoncez-moi toujours, et j'attendrai.

La lettre que M. le comte de Mersanes devait lire à son lever était ainsi conçue :

« Monsieur le comte,

« Étrangère et proscrite, ce sont deux titres à l'indulgence d'un gentilhomme français. Ne jugez donc pas ma démarche, ne regardez que ma position !

« Vous êtes attendu, ce soir, aux premières étoiles, à Villa-Braschi. Prenez le chemin le plus long, et ne vous montrez pas. « Comtesse H.

« Évitez le magnolia. »

VIII.

LE RENDEZ-VOUS.

Le comte Fabiano fut introduit sur-le-champ par ordre du marquis Viani.

Le jeune seigneur sicilien mit un masque de joie matinale sur son visage décomposé par les émotions de la nuit, et il se précipita sur les mains du marquis.

— Eh ! bonjour, mon cher marquis ! C'est bien à vous que je puis adresser ces beaux vers du onzième chant :

O sol che sani ogni vista turbata
Tu mi contenti si...

J'ai une excellente nouvelle à vous annoncer, et je n'ai pas consulté ma montre ; j'ai reçu une lettre de Leipsick !

— Ah ! mon cher comte ! dit le marquis en serrant les mains de Fabiano, il n'est jamais trop tôt de recevoir une bonne nouvelle.

— Le manuscrit a été acheté...
— Par M. Octavien d'Oropeza ?
— Non, par un savant prussien. Mais n'importe. Le savant est ruiné ; il a dit qu'il le revendrait à cent florins de bénéfice, et il a donné son adresse à Berlin, *Bern-Strass*, n° 27. M. d'Oropeza est parti sur-le-champ pour Berlin, et nous pouvons considérer l'affaire comme terminée.

— Mon cher Val di Nota, vous êtes un homme prodigieux ! Il est très-beau, il est très-glorieux à votre âge d'avoir cette noble passion de la science et d'abandonner les plaisirs superficiels des jeunes gens.

— Oh ! marquis Viani, dit Fabiano, en secouant mélancoliquement la tête, j'ai connu de bonne heure la vanité des plaisirs du monde ! j'ai l'expérience d'un jeune vieillard. Ma vie, comme vous voyez, est simple ; je la compose de travail et de méditation. A neuf heures, je vais au lit ; à l'aurore, je sors, et j'assiste sur la montagne au lever du soleil. Quel magnifique spectacle ! avec quel œil de pitié je regarde passer devant moi les jeunes fous qui s'en reviennent honteusement de quelque rendez-vous infâme, et qui accusent cet éclat du soleil, inexorable dénonciateur des nocturnes forfaits!

— Oui, comte Fabiano, vous devez, à cette heure, surprendre bien des mystères...

— Des mystères et des crimes! cher marquis; de quoi alimenter la faim de la calomnie et de la médisance, pendant un siècle et plus, si je ne m'étais fait une loi de tenir ma bouche close, en ces occasions; car, ainsi que dit le sage : « Celui qui s'endort médisant se « réveille calomnié!.. » Ce matin, encore, le hasard de ma promenade m'a révélé... Oh! parlons d'autre chose, cher marquis...

— Voyons, voyons, dit le marquis Viani, avec un de ces sourires qui provoquent une confidence ; mon cher comte, qu'avez-vous vu ce matin? Quelque galanterie! quelque incartade de belle dame?.. Voyons; une fois n'est pas coutume. Contez-moi ça; je suis discret.

— Oh! mon cher marquis, ce ne sera pas une indiscrétion de ma part; je ne vous apprendrai rien de nouveau, à vous qui n'ignorez rien.

— Eh! qui sait! contez toujours.

— Vous le voulez, dit Fabiano en paraissant faire un violent effort sur lui-même ; eh bien! mon cher marquis, ce matin, comme je faisais ma promenade favorite, j'ai vu descendre de Villa-Braschi... devinez qui?

Une affreuse pâleur couvrit le visage de Viani. Fabiano n'eut pas l'air de le remarquer, et il poursuivit ainsi :

— Vous ne devinez pas?.. J'ai vu passer dans un désordre significatif, ce jeune Français, celui qui a dit à Villa-Bianca ce blasphème : « Dante est un fou qui « a écrit ses rêves, et qui a trouvé d'autres fous pour « les commenter... » Vous devinez à présent... le comte Anatole de Mersanes?

— Et d'où venait-il? demanda Viani d'une voix à peine entendue.

— Mais, il me semble que le reste n'est pas difficile à deviner...

— Comment?.. vous croyez... mon cher Fabiano... que la comtesse...

— Cher marquis, voici un axiome : partout où vous verrez une dame polonaise, vous rencontrerez un Français. C'est l'association doublement coupable de la politique et de l'amour... Maintenant, cher marquis, faites comme si je n'avais rien dit... Irez-vous à Carlo-Felice ce soir?..

— Comte Fabiano, savez-vous que ce fait est plus grave que vous ne pensez?

— Oh! j'y vois clair comme vous! C'est un club polonais qui s'organise là-haut sous les auspices de Cupidon.

— C'est cela!

— Il paraît même que le comte de Mersanes avait oublié je ne sais quoi à Villa-Braschi, car, en venant chez vous, c'était mon chemin, j'ai passé devant l'hôtellerie voisine, et j'ai reconnu un domestique de la comtesse qui portait une lettre à M. de Mersanes. J'ai entendu dire qu'une certaine espèce d'amants ne se quitte que pour s'écrire. Les nôtres en sont là.

— Comte Fabiano, vous auriez pu vous tromper...

— Eh bien! marquis, envoyez quelqu'un d'adroit à l'hôtellerie Michel... c'est bien simple : on demandera si la lettre apportée par un domestique de la maison Braschi a été remise exactement ce matin à M. de Mersanes.

— Oui.

Viani sonna et donna ses ordres; ses lèvres tremblaient.

— Mon cher marquis, poursuivit Fabiano en affectant des airs d'indifférence, vous êtes logé d'une façon splendide, vous avez là une charmante Sainte-Famille... C'est du Carlo Dolce, n'est-ce pas?

— Oui, dit le marquis sourdement.

— Voilà un Holopherne très-beau... c'est par l'un des Carraches... Est-ce Louis ou Annibal?

— Louis.

— Quelle belle Descente de croix!.. C'est signé Sébastiano del Piombo, à cent pas... voilà un Canaletti ravissant!.. je vous en donne deux mille écus, marquis Viani... acceptez-vous?

— Non, comte Fabiano... à vous dire vrai, cette affaire me préoccupe beaucoup... ce n'est pas la petite intrigue d'amour... au moins...

— Oh! je crois bien! l'amour est toujours une bagatelle.

— Je vois la chose au point de vue politique...

— Politique, c'est cela!

— Comte Fabiano, il y a d'autres intrigues là-dessous!

— Mille intrigues sourdes, marquis Viani.

— Qu'il faut couper à la racine, sans pitié.

— Sans pitié.

— La raison d'État avant tout, comte Fabiano.

— Avant tout.

L'envoyé, de retour, donna cette réponse au marquis :

— La lettre apportée par un domestique de la maison Braschi à M. de Mersanes lui a été remise exactement à son lever.

— Vous voyez, marquis Viani, dit Fabiano, c'est de l'amour chauffé au maximum : la lettre après le rendez-vous. J'avais, moi, une intrigue dans ce genre, à Paris; une femme d'une exigence!.. Excusez-moi, cher marquis ; j'avais vingt ans, l'âge des folies! Un jour, je lui fis annoncer par un ami éploré que je m'étais brûlé la cervelle pour lui prouver mon amour.
— Le lâche, dit-elle, il n'a pas eu le courage de se pendre!

— Tout cela est bon, cher comte, mais nous nous écartons de la question.

— Il faut attendre les événements...

— Que parlez-vous d'attendre! comte Val di Nota; attendre que le mal soit plus grand!.. je vais user du pouvoir discrétionnaire que notre loi nous donne contre les étrangers soupçonnés d'intrigue politique.

— C'est cela! vous allez le faire arrêter; très-bien.

— Je ferai ce que j'ai fait vingt fois depuis 1830, et pour des choses bien moins graves certainement.

— Eh bien! cher marquis, je vous baise les mains;

Il sentit une main qui touchait légèrement son pied nu.

je vous laisse à vos affaires administratives... nous nous verrons plus tard.

— Je vous remercie, comte Fabiano, de m'avoir mis sur la trace de ces intrigants...

— Oh! marquis, remerciez le hasard qui a donné cette tournure à une conversation scientifique... Faut-il ébruiter cette affaire?..

— Diable! non! le plus grand secret! bouche close! c'est entre nous, rien qu'entre nous!

— Bien! mon cher marquis; c'est entendu.

— Que je vous serre les mains, mon cher comte; le crime sera foudroyé.

— Marquis Viani, je vous dirai ce que Dante dit à Virgile : « Maître, le sens de ces paroles est terrible; » *maestra, il senso lor m'è duro!* chant troisième.

— Vous citez toujours heureusement..... Adieu, comte Fabiano.

On se sépara.

Fabiano ne s'écarta pas de la maison Viani. Il voulut épier le mouvement des hommes de police, et s'assurer, par ses propres yeux, si le marquis jaloux dirigeait habilement ses opérations.

A la même heure, et dans le voisinage, le comte Anatole de Mersanes décachetait en tremblant une lettre embaumée comme une fleur du matin; son visage s'illumina du rayon céleste qui luit au front du prédestiné; une extase de béatitude remplit son âme; c'était un billet de la femme adorée; c'était le bonheur en trois lignes; c'était l'univers qu'il tenait dans sa main.

Comment dévorer ces heures, ces siècles de minutes qui allaient éterniser ce jour jusqu'au lever des premières étoiles! quelle patience d'homme ne devait pas succomber dans ce martyre! Le comte de Mersanes regarda autour de lui, et il rougit de se voir si pauvre en face de cette rayonnante lettre qui venait le cou-

Le comte saisit convulsivement les barreaux de la grille.

ronner comme un roi; il se sentait oppressé par ces viles murailles, trop étroites pour contenir l'immensité de son bonheur. Ce qu'il lui fallait maintenant, c'était un palais de marbre, comme Serra ou Durazzo; c'était l'escalier superbe qui monte aux jardins suspendus; la nymphée verte de feuilles, rouge d'oranges, retentissante de fontaines, les grands tableaux de la galerie, les rideaux de soie des balcons, les mosaïques des salons de bal.

Ces beaux rêves le firent tomber dans la réalité de la vie commune, et il ne se consola de son indigence qu'à l'idée de se remettre bientôt en possession de sa richesse abandonnée, et que l'héritière avait offert de lui rendre généreusement. Si cette réflexion ne l'eût pas soutenu, il aurait renoncé, dès ce moment, à l'amour d'une grande et riche dame, de peur d'être regardé un jour comme un aventurier qui avait tenté un coup de fortune dans un établissement avantageux.

Ayant mis ainsi sa conscience en repos, il ne songea plus qu'à la villa Braschi, cette résidence aérienne voisine du ciel, et qui n'attendait qu'un seul élu.

Brûlé de cette impatience fiévreuse qui ne laisse prendre à l'esprit aucune distraction, le comte Anatole s'habilla comme pour le plus beau jour de fête, et sortit de l'hôtellerie du pas triomphant de l'homme heureux qui met à son insu toute une ville dans la confidence de son bonheur. Lazare, sorti du tombeau après sept jours, ne montra pas une plus radieuse figure au peuple de Jérusalem. Notre jeune Français passait à travers les grandes lignes monumentales de la cité superbe, seul cadre digne de son amour, et il plaignait les nobles seigneurs de ces palais qui avaient le néant pour locataire, et qui n'auraient pu acheter un seul sourire de la plus belle des femmes avec ces montagnes de marbre ciselées par des artistes géants.

Une rencontre l'arracha violemment à ses extases.

Le comte Fabiano, qui ne perdait pas de vue son heureux rival, l'aborda d'une façon étourdie, et lui prenant les mains au milieu de la *Strada Nuovissima* :

— Eh ! quel heureux hasard, s'écria-t-il, vous a fait passer ici à cette heure? Cher comte, on ne vous voit donc plus ? Parole d'honneur, je croyais ne plus vous revoir que dans un ermitage ! Diable ! quel magnifique négligé du matin ! Vous allez au bal avant déjeuner ?

— Comte Val di Nota, dit Anatole, tout étourdi de cette rencontre, je vous croyais à Villa-Bianca ; j'ai eu l'honneur de me présenter deux fois chez vous en ville pour vous faire ma visite.

— Oh ! cher comte, entre nous c'est sans façon. La tyrannie des visites est intolérable. On se visite dans la rue à la première rencontre ; c'est le privilège de l'amitié. Voulez-vous prendre mon bras, cher comte ?

— Volontiers, monsieur.

— Eh bien ! que dites-vous de nos belles dames génoises? Moi, je raffole de toutes. J'ai les mœurs françaises. Avez-vous entendu ma sérénade cette nuit ? je l'ai donnée à la princesse sicilienne qui habite le palais Doria. C'était ravissant sur l'eau... Vous n'avez pas l'air de vous amuser beaucoup, comte de Mersanes.

— Pardonnez-moi, monsieur, je mène une vie assez retirée, mais assez conforme à mes goûts.

— Venez donc ce soir chez la marquise Grimaldini, ma tante ; nous avons un concert, un souper. On me parlera pas de Dante. La princesse nous honore de sa visite... puis-je compter sur vous ?

— Ce soir... ce soir, monsieur le comte... je n'ose pas m'engager... j'attends un voyageur... un Français...

— Allons ! un bon mouvement... amenez avec vous le voyageur... puis-je vous annoncer à ma tante ?

— Vraiment, monsieur le comte... c'est impossible... je suis au désespoir...

— Eh bien ! venez donc pour le souper, au moins... à onze heures...

— Impossible ! croyez bien...

— A minuit !... que diable ! on n'a plus rien à faire à minuit !

— Oh ! cela renverserait toutes mes habitudes... je suis réglé comme un vieillard.

— Comte de Mersanes, vous me désobligez... mais n'importe, je ne vous garde pas rancune : à chacun sa liberté. Ce sera pour une autre fois, n'est-ce pas, cher comte ?

De Mersanes se laissa serrer les mains, rendit l'adieu par deux signes de tête, et respira, débarrassé de cette amitié improvisée qu'il ne s'expliquait pas très-clairement.

D'ailleurs, cet incident fut promptement oublié. La grande pensée du jour absorbait toutes les autres réflexions dans la tête du comte de Mersanes.

Il y avait dans le billet de la comtesse cette indication : *Prenez le chemin le plus long.* Anatole songea donc à faire son plan d'ascension, conformément à l'ordre divin qu'il avait reçu. Il résolut de sortir de la ville par la porte de Pilla, qui s'ouvre sur la montagne. Arrivé hors de l'enceinte fortifiée, il se dirigerait vers la colline d'Albaro, coupée par le chemin de Toscane, et de là vers les longues lignes des aqueducs où il devait arriver une heure avant le coucher du soleil. C'est du point culminant de ces régions qu'il réglerait sa marche sur Villa-Braschi.

C'était un petit voyage qu'il fallait accomplir : de Mersanes ne recula pas devant une fatigue qui soulageait son impatience. L'agitation des pieds donne du calme à la tête. Il consulta le soleil, comme on regarde le cadran d'une horloge, et la position de l'astre dans le ciel lui promettait encore de longues heures ; cependant il partit pour accomplir son pèlerinage d'amour, comme s'il eût craint que pour la première fois de sa vie, le soleil, imitant une étoile volante, ne tombât subitement des hauteurs du zénith à l'horizon de la mer.

C'était l'heure où, devant les eaux stagnantes, les cigales commencent à chanter sur les roseaux. L'œil ne pouvait supporter l'éclat incendiaire que se renvoyaient la mer et le ciel, double firmament de Dieu. Les aromates fumaient sur les collines embrasées comme l'encens dans les cassolettes ; les dômes des couvents ressemblaient à des constellations de planètes, tombées sur la ville et rendant au soleil ses rayons ; la volupté du midi, ce mystérieux démon qui cherche l'ombre du marbre ou des bois, courait dans l'air avec les parfums et les étincelles. La ville, enflammée de lumière, semblait descendre de son amphithéâtre pour se baigner dans son golfe, au brûlant milieu du jour.

Le comte de Mersanes franchissait la ligne des remparts sous la porte Pilla : personne, un seul homme excepté, n'aurait soupçonné le but de sa course, en le voyant marcher dans cette direction. Le pâtre du val d'Albaro, le quêteur franciscain, le soldat en maraude, seuls habitants de ces régions désertes, regardaient avec un long étonnement cet étrange pèlerin, en habit de bal, qui gravissait la montagne avec l'agilité du chamois. Quant à lui, il ne regardait rien ; il se sentait légèrement attiré vers les cimes, comme s'il eût mis ses pieds dans la nacelle d'un aérostat. Par intervalles, il ouvrait la lettre de la femme aimée, et il s'élançait avec plus d'ardeur sur la pointe des rocs, comme le marinier consulte sa carte de voyage, et bondit de joie en retrouvant son chemin.

Cependant une contraction d'inquiétude assombrit soudainement le visage du jeune homme ; il venait de remarquer, à sa gauche, trois hommes armés qui suivaient la même route, et qui le regardaient avec une attention singulière. Ce sont des chasseurs, sans doute, se dit-il mentalement ; mais des chasseurs à midi, au mois de juin, sur une montagne, sont des êtres bien extraordinaires.

Il doubla le pas pour s'écarter d'eux, mais eux ne paraissaient pas vouloir s'écarter de lui. Il s'arrêta, ils s'arrêtèrent ; il s'assit, ils s'assirent.

Le comte de Mersanes, irrité des mouvements ironiques de ces hommes, marcha droit à eux, avec cette fierté d'allure qui vaut souvent la meilleure épée, et leur dit d'un ton décidé :

— Avez-vous l'intention de me suivre longtemps ainsi ?

— Non, dit un de ces hommes en se levant, nous vous arrêtons de par le roi.

Et les deux autres saisirent le comte avec une vigueur qui prouvait que le marquis Viani et Fabiano avaient bien choisi leurs hommes.

— M'arrêter, dit le comte Anatole ; et qui vous a donné ce droit ?

— Vous allez le savoir bientôt... là-bas... oh ! point de résistance, elle serait inutile et même dangereuse pour vous... regardez, voici encore trois des nôtres qui arrivent de la porte de l'Est, vous êtes entre deux feux.

— Mais c'est une méprise ! s'écria le comte avec une voix déchirante.

— Non, ce n'est pas une méprise, vous allez voir; suivez-nous.

La lutte était impossible, il fallait se résigner ; six hommes armés contre un seul !

On descendit au poste de la porte de Pilla, et le comte fut enfermé dans une casemate. Le chef des sbires lui montra l'ordre émané du *Buon-governo*. Cet ordre, scellé des armes royales, expulsait immédiatement des États de Carlo-Alberto, le comte Anatole de Mersanes, pour cause d'intrigues politiques et de connivence coupable avec des réfugiés et des proscrits.

— Mais, s'écria le comte, c'est une horrible calomnie ! c'est une infâme trahison !

— Nous ne connaissons que les ordres des chefs, lui répondit-on.

— On ne peut pas me refuser de voir le consul de France. Conduisez-moi chez mon consul !

— Votre consul n'a rien à voir dans les affaires politiques de notre pays.

— Allez au diable avec vos affaires politiques ! Est-ce que je suis un conspirateur !

— Voilà l'ordre.

Ces deux mots furent dits d'un ton sèchement officiel, et la porte de la casemate fut fermée à triple tour.

Il fallait un accident aussi terrible, dans une circonstance aussi solennelle, pour arracher le comte de Mersanes à son calme stoïque ; mais le noble jeune homme ne tarda pas à rentrer dans son naturel ; il ne fit point de conjectures, parce que les conjectures n'ont jamais rien deviné; il s'assit sur un grabat, et attendit, avec résignation, ce qui était dans son destin.

A tout hasard, il écrivit au crayon, sur son album de voyage, une lettre au consul de France, et il disposa sa missive de manière à être promptement glissée dans quelque main secourable ou vénale si elle se rencontrait sur sa route.

Au tomber du jour, la porte de la prison s'ouvrit, et l'escorte armée qui le conduisait descendit un sentier tortueux et solitaire, presque verticalement posé sur le rivage de la mer. Devant la batterie de l'École, une chaloupe et quatre rameurs attendaient le prisonnier. Deux hommes armés jusqu'aux dents s'y placèrent à côté du jeune Français. Le chef fit un signal, et la chaloupe vogua lourdement vers la haute mer.

A la dernière lueur du crépuscule, Anatole de Mersanes vit un petit bâtiment à l'ancre, et à une portée de fusil du brick, du côté de Gênes, l'ombre noire et immobile du *Cambrian*. La vue de ce vaisseau qui rappelait une si douce nuit, et une fête comme les étoiles ne devaient plus en éclairer, plongea le prisonnier dans une sombre tristesse.

Le capitaine de la bombarde génoise, *l'Assomption*, avait ordre de conduire à Marseille le comte de Mersanes, et les deux gardes de police, choisis par Viani, étaient chargés de veiller à l'embarquement. Tous les bagages du jeune étranger avaient été transportés de l'hôtellerie à bord de la bombarde.

La police avait mis tant de mystère et de précaution dans cette affaire que le jeune Français comprit qu'il y avait là-dessous quelque machination horrible dans laquelle la susceptibilité politique la plus ombrageuse n'avait aucune part.

De Mersanes se dit à lui-même, dans un monologue mental :

— C'est évident, j'ai un rival puissant qui prend, pour sauver l'État, toutes les précautions qu'on prend pour commettre un crime. Il n'y a plus de doute, cette adorable femme est en péril.

La chaloupe s'éloigna, et la bombarde mit à la voile. Un petit vent de terre soufflait sans rider la mer. L'étoile l'*épi de la Vierge* s'élevait sur le dôme de Carignan.

Le comte de Mersanes s'enveloppa d'un lambeau de voile latine, et s'étendit sur l'échelle triangulaire de la proue pour dormir à la fraîcheur de la nuit.

— Il a pris gaiement son parti, dit le capitaine, c'est un brave garçon !

IX.

RÉVÉLATION.

Le vent fraîchissait ; il n'y avait pas de temps à perdre. De Mersanes, couvert par son lambeau de voile, fit lestement sa toilette de mer, et sortant à plat ventre de son enveloppe, il se laissa glisser sans bruit dans l'eau, par une corde, au moment le plus favorable.

La voile resta sur la proue, en gardant la forme d'un corps absent.

La résolution du gentilhomme français avait été prise et exécutée avec la rapidité de l'éclair.

Le Cambrian n'était pas éloigné ; le jeune homme nagea dans la direction du vaisseau, et bientôt il l'atteignit.

Au cri de la sentinelle, un officier de service accourut ; le nageur, suspendu à l'échelle, nomma le commandant Hamilton, et il s'élança lestement sur le pont du navire.

Hamilton était accouru, et sa surprise fut extrême en reconnaissant le héros de son bal dans le plus étrange et le plus humide des costumes.

— Au nom de Dieu ! dit Anatole de Mersanes, ne m'interrogez pas, capitaine Hamilton ; je n'ai pas une minute à vous donner. Demain, je vous expliquerai tout. Je vous demande un habit, un canot et quatre rameurs, au nom de votre illustre aïeul, mon compatriote !

— Je ne vous interroge qu'en vous répondant, dit Hamilton... Voilà tout ce que vous demandez : habit, canot et rameurs.

De Mersanes répara promptement avec ces habits d'emprunt sa toilette absente. Et quand il fut prêt :
— Quelle heure est-il, capitaine Hamilton ?
— Neuf heures. Mes officiers viennent de partir pour le théâtre.

De Mersanes serra la main du commandant et se précipita dans le canot.

Traverser la rade, le port, la ville, cela fut fait avec toute la promptitude dont peut disposer le pouvoir humain. Le jeune homme courut sur le flanc de la montagne comme sur une plaine unie; son élan ressemblait au vol; ses bras étaient des ailes; le roc dur relançait son pied comme la planche souple du tremplin. Anéanti par cet effort sublime, il aurait dû succomber en touchant le but; la vue de la villa Braschi le ressuscita.

Un domestique polonais récemment arrivé à Gênes, et investi de la confiance de sa maîtresse, attendait depuis très-longtemps le comte de Mersanes en rôdant autour de la villa. Dès que le jeune homme sortit du bois derrière la maison, il fut introduit dans une galerie inférieure, et, quelques instants après, dans un salon où l'attendait la comtesse Hortensia.

La jeune dame, en voyant entrer de Mersanes dans un costume de marin et dans un désordre incroyable, ne le reconnut pas tout à coup et elle se leva pour fuir. Mais celui-ci prononça quelques paroles en français et se fit reconnaître à sa voix. La comtesse sourit, et reprenant sa place :
— Je comprends, dit-elle; vous avez voulu vous déguiser pour ne pas être reconnu; vous avez réussi, monsieur le comte.

Anatole murmura quelques paroles confuses, dépourvues de sens, qui signifiaient tout et n'exprimaient rien.

— Monsieur le comte, poursuivit la jeune dame, je vous prie de m'excuser si je vous ai appelé ici à pareille heure. Vous devez avoir trouvé mon invitation bien singulière, n'est-ce pas ?

— C'est à moi, madame, de m'excuser si je suis venu si tard. J'ai voulu faire un trop long détour, et je me suis égaré...

— Oh! j'ai bien compris; ne vous excusez pas... Monsieur de Mersanes, nous sommes seuls; mes domestiques dorment, et ma tante est dans sa chambre. Cependant il faut parler bas. Sur cette montagne l'atmosphère est si pure qu'une parole trop fortement accentuée est emportée à cent pas aux environs.

Pendant que la comtesse parlait, le jeune homme la considérait avec des yeux remplis d'une expression indéfinissable : elle était belle à damner un ange; elle avait ce charmant désordre de chevelure et de toilette qui annonce une longue journée passée dans la plus fiévreuse agitation d'esprit; sa robe blanche, simple et unie, ondulait gracieusement jusqu'au tabouret de soie où se croisaient deux pieds divins.

— Madame, dit le comte avec un calme d'emprunt, je serai heureux de mettre ma voix à l'unisson de la vôtre.

— Le malheur a cela de bon, monsieur le comte, qu'il donne l'expérience et l'observation avant la vieillesse. Le bonheur donne l'étourderie; l'infortune donne la réflexion. Je ne crois donc pas me tromper, monsieur, si je reconnais en vous un homme digne d'estime et de confiance.

La comtesse s'arrêta. Le comte baissa les yeux et garda le silence.

— C'est bien! poursuivit la comtesse, ma parole n'a soulevé de votre part aucune de ces protestations bruyantes qui annoncent un dévouement qui ne se dévoue jamais. J'ai lu votre lettre, monsieur; elle sort du cœur comme la vérité; je n'ai pas voulu voir dans cette lettre ce qu'on appelle une déclaration d'amour, je ne la regarde que comme l'épanchement d'une âme qui cherche une sœur pour lui faire sa confession.

— Madame, j'accepte tout.

— Maintenant, je veux vous rendre confidence pour confidence; je voulais retarder aussi longtemps que possible notre entrevue; mais un accident est survenu l'autre nuit, et je me suis décidée à vous appeler sur-le-champ. Vous vous souvenez, monsieur le comte, du bal du *Cambrian* ?

Anatole leva les yeux, et joignit les mains convulsivement.

La comtesse poursuivit :
— A ce bal, monsieur, vous avez remarqué chez moi un changement subit, et une émotion que je laissai trahir par mes larmes ?

— Oui, madame.

— Vous n'avez pas cherché à deviner pourquoi une douleur si vive m'accablait après tant de folle étourderie ?

— Je ne devinai rien, madame; seulement, je vous avoue que votre douleur me frappa bien plus que toute votre nuit de gaieté.

— De gaieté !.. pauvre monde ! comme on le traite !.. Et vous aussi, monsieur, vous avez cru à ma gaieté ?

Elle arrondit son bras d'ivoire vers un angle du salon, et elle sonna. Un domestique parut.

— Stanislas, dit-elle, avez-vous fermé soigneusement toutes les portes ?

— Oui, madame la comtesse.

— Toutes les fenêtres des salles basses ?

— Oui, madame la comtesse.

— C'est bien; retirez-vous, et ne dormez pas... Excusez-moi, monsieur le comte, dit la jeune dame, je passe d'une chose à une autre...

Elle soupira et appuya sa tête sur sa main, son coude sur le coussin du divan; puis :

— Monsieur le comte, c'est une lamentable histoire que la mienne, une histoire comme les étoiles de mon pays n'en reverront plus. Vous savez que Varsovie mourut dans une bien terrible et bien sanglante nuit. Notre maison était à Praga, dans la rue Saint-André. J'étais avec d'autres nobles dames dans les batteries polonaises, lorsque ce faubourg fut pris. C'est là que j'eus le malheur de perdre mon mari. Il avait un commandement sur la Vistule; il périt comme tant d'autres hommes généreux, et je n'ai pas eu la consolation de lui élever un tombeau !.. Il faut bien peu de mots pour conter de grandes douleurs.

La jeune femme s'arrêta un instant et le silence de la nuit régna seul à la villa Braschi.

— Je rentrai chez moi, le désespoir dans l'âme; une

nuit affreuse couvrait notre quartier; jamais plus affreuses ténèbres : amis et ennemis inondaient les rues. Ma maison avait été saccagée, mes domestiques avaient disparu, moins un seul, Stanislas, qui m'accompagnait. Je courus à la chambre où j'avais laissé ma pauvre fille, une fille unique, à peine âgée de quatre ans ; le lit était encore tiède, mais mon enfant n'y était plus! Il y a un mot qui n'existe pas et que je voudrais inventer pour exprimer ma désolation de veuve et de mère. Je courus dans tous les appartements, je fouillai dans tous les recoins de la maison... ma pauvre enfant était perdue! perdue!..

Un torrent de larmes inonda le visage de la jeune femme. Anatole de Mersanes laissa tomber sa tête sur ses deux mains et pleura.

— Monsieur le comte, poursuivit Hortensia en faisant un violent effort sur elle-même, je veux respecter votre noble douleur, qui est la mienne. Je n'entrerai pas dans des détails qui briseraient votre âme et me rendraient pas ma fille. Qu'il vous suffise de savoir que toutes mes recherches furent inutiles. J'ai prodigué l'or pendant quinze jours et quinze nuits. Mon ange n'a plus revu sa mère!

La comtesse Hortensia fit encore une pause, comme oppressée par de cruels souvenirs ; puis elle reprit :

— Bien après ces affreux événements, un jour, je sortis comme d'un long sommeil ; on me dit que j'étais à Berlin. Un long délire m'avait privée de la raison. Lorsque l'arrêt de proscription tomba sur notre famille, un domestique et un parent de mon mari me portèrent mourante dans une chaise de poste, et nous quittâmes le territoire polonais.

— Affreux! affreux! murmura de Mersanes.

— Je suis obligée de l'avouer à ma honte : après mes malheurs, je croyais n'avoir plus rien à redouter... eh bien! lorsque j'appris que j'avais perdu la raison, lorsque je sentis encore dans mon cerveau fermenter le germe d'une folie incurable, une terreur inconnue glaça mon sang, et je ne pus supporter cet épouvantable avenir de mort vivante que j'allais traîner dans quelque enfer terrestre, au milieu d'autres êtres hideux, sanglants, échevelés, misérables comme moi. Dieu m'est témoin que ce n'était pas la mort qui m'effrayait.

La jeune femme parlait avec une voix tremblante et convulsive et le jeune homme n'osait interrompre cette pieuse confidence. Elle continua :

— Souvent je suivais le fil d'une idée comme pour essayer ma raison : je voulais m'assurer de l'état de mon cerveau, comme on éprouve du pied la planche du pont d'un abîme avant de le traverser. Mes premières idées se liaient entre elles avec assez de clarté : ensuite, à mesure que j'avançais dans cet examen de moi-même, je sentais monter à mon front comme une brume épaisse et brûlante; des flots d'étincelles tourbillonnaient devant mes yeux; une lueur livide couvrait d'un crêpe la création; des larmes enflammaient mon visage, et je me voyais rire aux éclats en passant devant de grands miroirs. Alors j'entendais le canon de Varsovie, si clair, si distinct, que je tressaillais à chaque coup. Je suivais de l'œil un cadavre roulant sous le pont de Praga; un ouragan de feu m'emportait dans une ville ténébreuse et désolée, comme Ninive à sa nuit suprême, et j'entendais les cris de ma pauvre fille, entraînée dans les bois par une bande de bohémiens. En sortant de cet horrible rêve, je me retrouvai à la même place où j'avais commencé dans le calme l'examen de ma raison; et le désordre de ma toilette, la rougeur de mon front, la sueur de mes cheveux, le frisson glacial de mes pieds, tout me faisait aisément deviner à quel excès de délire frénétique je m'étais élevée devant ces épouvantables visions! Chaque jour aggravait davantage la blessure de mon cerveau, et chaque jour mes terreurs devenant plus vives, je sentis que je ne pouvais me sauver de la folie que par une ardente et continuelle distraction. Je me lançai avec une sorte de joie dans la vie des voyages ; je me cramponnai à la planche d'une berline comme un naufragé à la planche de son salut. Cette excitation de tous les instants eut pour moi des effets favorables. Mes crises furent moins fréquentes ; j'avais des jours entiers de pleine raison ; j'avais dans mes nuits quelques heures tranquilles, et un réveil plein de sérénité comme à l'âge de mon bonheur. A l'expiration de mon deuil, j'habitais Rome, et le tiers de l'Europe m'était connu.

La comtesse Hortensia s'arrêta encore une fois, et resta quelques minutes comme abîmée dans ses souvenirs. Anatole de Mersanes n'osait rien dire, dans la crainte de trahir l'émotion de son cœur. La comtesse poursuivit ainsi :

— Le monde m'avait tout enlevé : le monde avait été si cruel envers moi, que je ne me crus engagée dans aucune obligation envers lui. Je résolus de continuer cette vie d'étourdissement moral et de fatigue physique pour obtenir la complète guérison de mon esprit, me souciant fort peu des amères railleries d'une société qui, d'ailleurs, nous désole toujours, sur quelque sentier que nous passions. Une idée surtout me soutenait dans cette vie de gaieté hypocrite; l'espoir de retrouver ma pauvre fille : j'avais besoin de toute la plénitude de mes facultés pour calculer chaque jour de nouvelles combinaisons et arriver ainsi à cet heureux résultat. Souvent, la nuit, lorsque je quitte mes habits de fête dont l'éclat ment à tous les yeux, excepté aux miens, je cherche encore à quel coin du monde j'écrirai une lettre pour demander mon enfant; et je souris amèrement à travers mes pleurs, quand je songe à la stupéfaction qui saisirait ce monde joyeux que je quitte, s'il me voyait, après ma gaieté menteuse au bal, abîmée comme Rachel et Niobé dans mes incurables douleurs!

Aujourd'hui que le temps et le remède ont raffermi mon front, je puis me donner la volupté de la douleur sans retomber dans mes terreurs anciennes. Après avoir eu le facile courage de la mort, je m'applaudis d'avoir eu le courage de la vie. L'espoir est toujours là, vivant et doux comme une consolation.

Il m'est fort indifférent de mentir par mon visage et mes habits à la foule qui me regarde passer : mais il y a toujours quelqu'un dans cette foule aux yeux duquel on tient à paraître ce que l'on est. Souvent, après avoir bien regardé autour de soi, on ne consentirait à rire que pour une seule personne, et si celle-là vous applaudit, l'assentiment ou la censure des autres vous touche peu. C'est ce qui explique aujourd'hui, monsieur le comte, ma position vis-à-vis de vous. Si j'ai hâté l'heure de cette confidence, je vais vous en donner la raison.

Vous ne serez point étonné, maintenant, si je vous dis que mes nuits sont souvent si agitées qu'elles s'écoulent sans sommeil. La nuit dernière, comme je regardais blanchir l'aube sur la mer, à travers les persiennes de ma chambre, je vis passer sur la terrasse un homme dont l'allure était pleine d'audace et de résolution. Je le reconnus tout de suite ; c'était ce jeune seigneur sicilien, qui a de l'esprit comme en aurait un mandrille s'il parlait ; c'était le comte Val di Nota. Que cherchait cet homme à pareille heure et dans ce désert ? A coup sûr, il ne courait pas après une bonne action, soit dit sans le calomnier. Il rôdait, les narines au vent, avec de souples ondulations de corps, comme la panthère autour de l'étable ; et je voyais luire, dans le crépuscule, ses yeux fauves, qui semblaient mesurer la hauteur des balcons. Cette apparition m'a effrayée. Rien ne trouble l'esprit comme de savoir qu'une mauvaise pensée tourne autour de vous, et qu'elle n'attend que l'heure propice pour se traduire en mauvaise action. Il faut d'ailleurs bien moins que cela pour alarmer une femme isolée, une étrangère sans protection, et que chacun, faible ou puissant, croit pouvoir insulter de la brutalité de son amour, parce qu'il n'y a pas à côté d'elle une épée au bout d'un bras.

Le comte Anatole se leva vivement, et étendant sa main droite sur la belle veuve, il dit avec une voix calme :

— Un seul mot de votre bouche, madame, et le défenseur sera trouvé.

— Oh ! monsieur, dit la comtesse avec mélancolie, si j'avais un défenseur à choisir, je n'irais pas le chercher hors de cette maison, croyez-le bien. Mais vous n'êtes pas mon mari, mon frère, mon parent, mon compatriote. Votre courage, monsieur le comte, votre dévouement ne seraient qu'un scandale de plus et ne me protégeraient pas. Je vous ai appelé ici pour rendre témoignage à la vérité, non pas demain, ni à aucune autre époque, rapprochée ou lointaine, que je puisse déterminer, mais quand les convenances permettront que cela soit ; je veux que vous puissiez attester par serment que vous avez vu le comte Val di Nota rôder autour de cette demeure comme un bandit ; car c'est un homme d'acharnement, il reparaîtra cette nuit, j'en suis certaine. Si cet homme n'a pas quelque violent projet d'attaque nocturne, il a un projet plus infâme encore ; il veut me déshonorer de la manière la plus lâche ; il veut faire croire à des rendez-vous en descendant de Villa-Braschi au lever du soleil, et d'un pas secrètement ostensible, et silencieusement bruyant, ainsi que se vengent certains hommes dédaignés. S'il le faut, monsieur le comte, vous me serez témoin un jour que le comte Fabiano n'a jamais franchi le seuil de cette maison.

De Mersanes étendit horizontalement la main vers la comtesse sans prononcer une parole.

Dans toutes les conjectures que le comte Anatole avait faites en montant à la villa Braschi par ordre d'Hortensia, il avait tout prévu excepté la tournure que venait de prendre ce rendez-vous nocturne et mystérieux ? Eh bien ! les nobles âmes sentiront qu'à tous les incidents prévus ou imprévus, y compris celui qui était le plus doux au cœur d'un jeune homme passionné, le comte de Mersanes aurait encore préféré ce chaste entretien, cette confidence intime, cette nuit de pieuse révélation.

Alors, prenant la parole, il raconta ses événements du dernier jour et du dernier soir à la jeune dame qui l'écouta, la bouche béante, les yeux fixes, comme si cette narration eût justifié ses craintes ou ses pressentiments de la veille.

— Comte de Mersanes, dit-elle en prenant la main du jeune homme, tout ce que vous venez de me raconter est l'œuvre du Sicilien. Mais, au nom du ciel, comte Anatole, point de vengeance ! point de scandale ; songez que maintenant votre conduite ne vous appartient plus.

— Liez ou déliez mes mains, madame, j'obéis.

Au même instant, le visage de la jeune femme se couvrit de pâleur, et de Mersanes sentit sur sa bouche la plus belle et la plus blanche des mains.

Hortensia se leva sur la pointe des pieds, et fit signe à son compagnon de la suivre aux appartements supérieurs.

Anatole suivit le signe et monta l'escalier, réglant son pas sur le pas de la comtesse ; cependant, malgré leurs précautions de prudence silencieuse, leur souffle trouvait encore un écho dans le sonore vestibule de marbre de la villa.

Arrivée à la galerie du premier étage, Hortensia dit à l'oreille d'Anatole :

— Je ne me suis pas trompée, mais je ne l'attendais pas si tôt.

De Mersanes désigna par une pantomime interrogative le comte Fabiano. Un signe de tête répondit oui.

Anatole croisa les bras sur sa poitrine et les éleva par-dessus son front presque en même temps.

Le doigt indicateur de la jeune femme désigna une persienne dans une salle obscure. C'est là qu'ils prirent position tous deux.

Cette scène muette au milieu de la nuit donnait une volupté ineffable au cœur d'Anatole ; elle fondait d'ailleurs l'ère d'une intimité douce que rien ne pouvait plus rompre et qui permettait de tout espérer dans l'avenir.

C'était en effet le comte sicilien.

On le reconnaissait aisément dans l'ombre à cette allure de fierté audacieuse qui n'était qu'à lui. Il examinait la façade de la maison, comme ferait un général qui viendrait dans les ténèbres étudier une place forte pour donner assaut le lendemain : rien dans ses mouvements ne trahissait la moindre émotion, la moindre crainte ; parfois il se promenait, pensif sur la terrasse, comme s'il eût été le maître de la maison, et que l'insomnie d'une chaude nuit d'été l'eût chassé de son alcôve. Puis, on le voyait tressaillir sous l'obsession violente d'une idée, et ses yeux siciliens, fixés sur les balcons, étincelaient comme deux astres de sinistre augure sous l'ébène des cheveux : et quand le moindre bruit sortait des bois ou montait de la mer, il inclinait son oreille vers le point soupçonné de receler quelque mystère nocturne, et la simple ondulation de son corps annonçait que l'agile démon était prêt à l'attaque ou à la fuite, selon les exigences du moment.

Cette nuit, que la saison faisait si courte, n'amena aucun autre incident. A l'aube, le comte Fabiano disparut comme une vision nocturne effacée par le premier rayon.

De Mersanes n'avait prêté qu'une faible attention aux accidents du dehors; il s'était enivré d'amour au voisinage de la femme adorée; cent fois, dans cette nuit d'émotion, la jeune femme avait laissé tomber, à son insu, ses cheveux et son souffle sur le front d'Anatole; et la molle clarté de l'aurore qui réjouit les yeux ne rencontra cette fois qu'une malédiction muette, partie d'un cœur trop fortuné pour la bénir.

Un point lumineux dorait la plus haute cime des montagnes de l'est, mais la campagne gardait encore un reflet des étoiles, lorsque le comte de Mersanes prit congé de la comtesse.

— Moi aussi, lui dit-il, madame, moi aussi, je suis proscrit. Il m'est défendu de mettre le pied dans la ville. Je vais, par de longs détours, réclamer encore l'hospitalité du *Cambrian*, et là je demanderai justice au représentant de mon pays... Et maintenant, madame, quand aurai-je le bonheur de vous revoir?

— Vous concevez, monsieur le comte, qu'il m'est impossible de prolonger mon séjour à la campagne; je descendrai à Gênes après le soleil levé. Vous en avez assez vu, maintenant, par vos propres yeux, pour savoir à quoi vous en tenir sur les calomnies que le monde attache à mon nom... Adieu... comte de Mersanes; il ne vous sera pas difficile d'obtenir justice... mais je vous recommande encore une fois, au nom du ciel...

— Dites au nom de votre patronne, madame.

— Je vous recommande d'éviter tout scandale avec ce démon sicilien.

— Madame, je vous le jure, mes lèvres sur votre noble main... je suis entré dans une maison, je sors d'un temple.

De Mersanes s'élança lestement du vestibule sur la terrasse, et tournant la maison, il s'enfonça dans le bois, et atteignit bientôt la cime d'un escalier taillé au-dessus d'une petite vallée qui conduisait à la mer hors de l'enceinte des remparts.

Arrivé au bas de cette échelle de roc, le jeune homme doubla un angle de terrain, et se trouva face à face avec un homme qui recula deux pas, en s'écriant :

— Vous! ici! monsieur!

C'était le comte Fabiano Val di Nota. La chose qu'on appelle le hasard, et qui dans les existences orageuses est toujours si bien combinée qu'elle devrait enfin perdre ce nom, avait conduit Fabiano vers ce chemin, tout nouveau pour lui, comme pour Anatole.

Le premier homme qui vit le premier lever de soleil ne montra pas à cet astre une figure plus bouleversée d'étonnement que celle de Fabiano en reconnaissant le jeune Français.

Le Sicilien, par un instinct naturel, après avoir proféré son exclamation, mit sa main droite sur le pommeau de son poignard. Heureusement il n'y avait point de chance pour accomplir un crime ténébreux : à droite et à gauche du sentier, des religieux de Saint-François partaient pour la quête, et de pauvres paysans pour le travail.

De Mersanes mesura des yeux la taille du Sicilien, et continua sa route, sans ralentir ni hâter le pas; mais Fabiano lui barra le chemin, et le força ainsi de s'arrêter un instant.

— Nous ne sommes pas seuls, dit Fabiano, et nous parlerons bas...

— Monsieur, interrompit de Mersanes d'un ton brusque et fier, vous n'avez rien à me demander, et je n'ai rien à vous répondre, moi !

— Je voudrais savoir, dit le Sicilien avec un calme hypocrite, lequel de nous deux, ce matin, est l'espion de l'autre.

— Je ne veux rien savoir, moi! dit de Mersanes de l'air d'un homme qui a peur de sa colère. Rien! laissez-moi passer, monsieur.

— Eh bien! je sais, moi, dit le Sicilien en jetant aux pieds d'Anatole une fleur d'hortensia, je sais que vous êtes un lâche; passez!

Le comte de Mersanes ne répondit pas un mot; il continua sa route tranquillement jusqu'au bord de la mer, et la première barque génoise qu'il trouva sous son pied le conduisit à bord du *Cambrian*.

X.

LA TADOLINA.

Une semaine après cette rencontre, Fabiano écrivit à son ami Octavien d'Oropeza la lettre suivante :

Gênes... juin 1833.

« Mon cher Octavien,

« D'après mes calculs, cette lettre, que je fais triple, doit te trouver à Varsovie, à Berlin ou à Vienne.

« Tu n'auras pas oublié d'écrire à madame Virginie Debard pour mettre ton amour à ses pieds, et j'espère bien que tu épouseras, dans la première semaine de juillet, cette héritière du comte de Mersanes. C'est une affaire convenue.

« J'attends tous les jours de toi une lettre de Varsovie qui doit m'apprendre bien des choses importantes, et dont mon adresse doit tirer un parti merveilleux. J'aimerais mieux te voir arriver toi-même en guise de lettre.

« La belle comtesse est en ville depuis quelques jours; elle n'a reçu que le marquis; c'est toujours l'homme dangereux par excellence. Je suis maintenant son meilleur ami. J'ai fait chasser des États de Sardaigne le comte Anatole; mais le drôle s'est réfugié à bord du *Cambrian*, et dans ce fort inexpugnable, il négocie diplomatiquement pour rentrer à Gênes. Il ne réussira pas. Le marquis Viani ne me fait aucune confidence : je ne connais pas un péché plus capital que cet homme-là, qu'il faut deviner à travers son mysticisme épais, son pathos scientifique et sa froideur de diplomate. Je lui prépare un tour de son métier.

« Quand j'aurai déblayé ma route de tous les buissons épineux qui me voilent l'adorable femme, j'agirai ; tu me connais, lorsque j'agis !

« J'espère aussi que tu n'auras pas oublié d'écrire à madame Virginie Debard, ta future, de se hâter de vendre tous les immeubles de la succession, et de placer l'argent en bonnes mains. Anatole de Mersanes est ruiné ; il restera ruiné. Les belles comtesses n'aiment pas longtemps les ruinés.

« Adieu ; éventre Varsovie, et arrache-lui du cœur le secret d'Hortensia.

« Ton fidèle banquier,
« COMTE V. D. N. »

P. S. « J'ai fait une découverte. L'Anatole est un poltron ; je crois que la comtesse a des bontés pour lui ; mais tu conçois que dans ma position je suis obligé de refouler la médisance dans ma bouche. Si je parlais, je serais ridicule comme un mari, puisqu'aux yeux du monde, les yeux du marquis exceptés, je suis le favori de la comtesse. Il y a donc des occasions où l'on est forcé d'être discret et de respecter l'honneur des femmes. Je n'aurais jamais cru cela ; me voilà vertueux par nécessité ! »

Cette lettre écrite, le comte Fabiano courut chez le marquis Viani.

Il traversa galeries et salles d'un pas déterminé, comme l'ami intime de la maison, et il s'annonça lui-même à la porte du cabinet. Le marquis s'occupait en ce moment d'une correspondance fort active au sujet de l'affaire de M. de Mersanes, que défendaient énergiquement le consul de France et le commandant Hamilton.

— Bonjour, marquis, dit Fabiano en se précipitant sur les mains de Viani ; avez-vous un engagement pour ce soir ?

— Pour ce soir ? dit Viani préoccupé ; pour ce soir ?.. Attendez..., non...; j'ai ma soirée libre, cher comte.

— Dieu soit loué !.. Ma tante, la marquise Gesualda Grimaldini, qui, par parenthèse, vous aime de tout son cœur, réunit ce soir quelques intimes autour d'un plateau de sorbets. Nous sommes bien aises, ma tante et moi, de vous présenter ce soir le marquis d'Isola-Bella et sa femme... Vous allez dire oui.

— Cela vous oblige, mon cher comte ?

— Cela m'enchante.

— Accepté.

— Oh ! si c'étaient de ces ennuyeux personnages qui voyagent pour faire des lieues, et compter les marquis et les princes qu'ils rencontrent à travers l'Italie, je vous dirais le premier, ne venez pas. Mais je vous promets des étrangers hors de ligne. Le marquis d'Isola-Bella est un érudit de vingt-cinq ans qui a vécu deux siècles à Rome. C'est l'ami intime du célèbre Vescovagli, qui a déterré tous les faux dieux d'Anaximandre, de Praxitèle et de Phidias. La marquise d'Isola-Bella sa femme, est une jeune Parisienne de vingt ans ; un ange ! Fort belle personne ; une blonde dorée au soleil, avec des mains blanches comme la neige, et des pieds d'enfant. J'ai vu avec plaisir qu'elle menait son mari par le nez, qui est fort long, comme le nez des antiquaires. Cela soit dit sans mauvaise intention, car, vous le savez, la médisance m'est en horreur.

— Eh bien ! cher comte Fabiano, agissons sans façon entre nous ; j'ai beaucoup à faire aujourd'hui ; vous allez me laisser à mes travaux, et je me dédommagerai ce soir de ce que je perds ce matin en ne causant pas avec vous.

— Ah ! voilà les procédés que j'aime ! mon cher Viani ; voilà, certes, la vie comme je la comprends !.. Adieu, je me sauve ; à ce soir. Sabrez votre travail, et soyez à nous de bonne heure.

— Adieu, comte Fabiano.

Le comte sicilien employa le reste de sa journée à combiner des plans à Villa-Bianca ; il s'était chargé de faire les invitations à la soirée de la marquise Grimaldini, et il ne voulut admettre aux salons intimes de sa tante que cinq ou six familles bien connues de lui.

A l'heure indiquée, le comte Fabiano était déjà sur le seuil de la porte du premier salon pour recevoir les invités. Il se posait avec une fatuité charmante devant les groupes, lançait la conversation sur un sujet joyeux, et se replaçait à son poste d'introducteur, dès que les propos étaient animés.

Comme chacun se montrait avide de savourer ce qu'on appelle les délices de la conversation, le comte Fabiano n'eut pas besoin d'exciter beaucoup son monde. Les langues effrénées jaillirent aussitôt comme des aiguillons de serpents.

On servit à ce festin trois ou quatre réputations de femmes ; et la faim exigeante des convives n'était pas assouvie.

Un jeune homme qui n'avait pas encore payé son écot, se donna, sur son fauteuil, un léger balancement de corps, et dit :

— A propos, mesdames, puisque le marquis Viani est absent, nous pouvons lui donner un tort ; vous savez qu'il se marie.

— Avec la comtesse de Varsovie ; c'est une nouvelle vieille de six mois, dit une voix aigre de vieillard incorrigible.

— Il paraît que le comte Fabiano a rompu avec elle ? dit quelqu'un.

— Mais, dit un monsieur qui était debout devant la cheminée, et qui accompagnait chaque mot d'un coup de lorgnon sur sa main gauche, mais il me semble que Fiabano a été d'une constance adorable ; il a vécu deux longs mois avec sa comtesse ! soixante jours, un carême et demi !

— Je ne sais trop vraiment ce qu'on trouve de rare dans cette femme ! dit un monsieur qui regardait amoureusement une dame d'une laideur idéale ; une femme n'a qu'à prendre la peine d'être étrangère pour être mise sur un piédestal.

— Son physique me conviendrait assez, dit un comtessino qui avait un cordon de montre en cheveux noirs sur un gilet blanc ; mais je n'aime pas son caractère : elle a dans sa tête la cervelle d'un moineau ; c'est une folle qui ne rêve que bals, spectacles, intrigues, festins, et qui dit son fait à un homme avec l'audace d'un grenadier.

— Excepté pourtant, lorsque l'homme est jeune et

Le comte Fabiano resta immobile, muet, l'œil en feu.

beau, dit un monsieur d'un certain âge qui mettait beaucoup de malice dans le verre de ses lunettes.

— L'observation est bonne, remarqua le comtessino.

— Croyez-vous que nous la verrons ici ce soir? demanda une douairière prude.

— Oh! non, répondit un homme grave; la comtesse Grimaldini a choisi son monde ce soir; la marquise a du tact. D'ailleurs, la comtesse polonaise s'est retirée à Villa-Braschi.

— Et pour cause! dit un avocat mystérieux.

— Ah! fit l'homme grave.

— La villa Braschi est devenue un nid d'intrigues aujourd'hui, dit un interlocuteur sérieux avec un accent de vertu indignée.

— Chut! dit le groupe, voici le marquis Viani.

La maîtresse de la maison causait avec une de ses amies; elle se leva pour recevoir dignement le marquis Viani; Fabiano prit son bras avec une familiarité d'ami, et fit plusieurs tours de salon avec lui en causant de choses indifférentes.

Tout à coup on annonça M. le marquis et madame la marquise d'Isola-Bella.

La transformation était merveilleuse. L'œil même de Fabiano faillit se tromper.

Antonini avait laissé sur son visage fort peu de place à la chair, presque toute envahie par les lunettes, la moustache et la barbe. Il portait son habit de soirée avec l'aisance d'un dandy consommé. Il marchait nonchalamment et la tête un peu inclinée, comme un jeune homme que l'étude a rendu de bonne heure grave et méditatif: le mouvement gracieux qui inclina et releva son torse, sur le seuil du salon, annonçait un noble seigneur, qui, dans sa vie, avait salué toute l'aristocratie de l'univers.

La Tadolina était digne d'un tel cavalier.

Elle portait une robe blanche brodée à jour sur un

fond rose; ses bras s'échappaient de deux cascades de dentelles; ses cheveux, ornés de tresses supplémentaires, étaient entremêlés de fleurs de *crisia-galli* dont les reflets écarlates donnaient au front et aux yeux un éclat enivrant : comme luxe de toilette, elle avait noué à son cou, avec une négligence adorable, dix mille écus de diamants, de *prima donna*, équivoques bijoux qui empruntent leurs étincelles au lustre d'un théâtre ou aux bougies d'un salon.

Fabiano, masqué d'un sérieux superbe, présenta ces deux visiteurs à la marquise Grimaldini, laquelle retint à côté de son fauteuil la marquise d'Isola-Bella. Le prétendu mari se mit à passer en revue les tableaux en prenant de magnifiques poses de connaisseur.

La Tadolina fut également présentée au marquis Viani, qui venait de s'asseoir dans le groupe de madame Grimaldini.

— C'est vraiment un miracle d'avoir décidé mon mari à sortir de l'hôtel ce soir, dit la Tadolina d'une voix nonchalante et avec des minauderies de chatte métamorphosée en femme, mon mari passe à l'état d'ermite de jour en jour. Il est absorbé par son grand ouvrage.

— Ah! dit le marquis Viani, M. d'Isola-Bella s'occupe d'un grand ouvrage?

— Hélas! oui, marquis Viani, et vraiment cet ouvrage est mon cauchemar. Il veut démontrer au monde savant que le temple des Géants ou de Jupiter Olympien en Sicile n'a pas été bâti; et que les Grecs, pour faire une niche à la postérité, n'ont taillé qu'un seul tronçon de colonne, avec des cannelures qui peuvent servir de guérites à trente sentinelles.

— Mais croyez-vous, madame, que les Grecs aient été capables d'une pareille mystification?

— Au nom des Grecs, marquis Viani, n'élevez pas un doute de cette nature devant mon mari; il nous ferait un discours jusqu'au lever du soleil; il nous parlerait de son ouvrage; c'est bien assez qu'il l'écrive.

— Ferez-vous encore un long séjour en Italie? demanda la marquise Grimaldini.

— Nous avons tout vu, madame, et je brûle de rentrer dans ma jolie petite maison du boulevard des Capucines, à Paris. Maman et ma sœur se désolent; une toute petite sœur de onze ans qui m'écrit des lettres charmantes, chère ange! Mon mari va faire encore, pour son ouvrage, une tournée en Sicile, et je l'attendrai à Gênes. A son retour nous partons pour Paris.

— Vous me permettrez, madame, dit la marquise Grimaldini, de vous faire les honneurs de notre ville.

— Ce sera une bonne fortune pour moi, madame. Gênes me paraît au premier coup d'œil une ville fort agréable. Je n'aime pas Venise! Oh! quelle réputation usurpée! Venise ressemble à une ville qui se noie par ennui, et l'on est tenté de la retenir par sa chevelure de clochers.

— Ah! c'est délicieux! s'écria le comte Fabiano; voilà un trait qui restera!.. Et Naples, madame d'Isola-Bella, que pensez-vous de Naples?

— Ne me parlez pas de Naples, comte Val di Nota! Il me semble, quand je m'y endors, que je dois me réveiller le lendemain dans un vitrage de musée avec une étiquette sur le front, comme toutes les victimes du Vésuve. J'ai quitté Naples avec joie en secouant la cendre de mes pieds.

— Adorable! dit Fabiano... Et Livourne, madame, que pensez-vous de Livourne?

— Livourne n'est pas une ville; c'est une rue sur le bord de la mer, une grande rue pleine de gens affairés qui ne font rien. J'aime mieux Pise, avec sa population de palais qui ont anéanti les habitants.

— Mais Florence! dit Fabiano en fredonnant ces mots comme l'*andante* d'une cavatine.

— Ah! Florence! Florence! chanta la Tadolina sur le même air; votre Florence m'a donné les vapeurs; je ne connais rien d'abominable comme ces statues qui vous regardent passer du haut de trente pieds, et qui vous poursuivent partout et qu'on retrouve toujours et qui vous lancent des œillades de Gibelins. J'avais fini par croire que j'étais une statue moi-même et que j'allais me briser en marchant.

Le faux marquis d'Isola-Bella s'avança gravement vers la marquise Grimaldini et dit, en appuyant sur chaque mot :

— Je vous fais mon compliment, madame, sur les tableaux de votre salon, ce sont de véritables magnificences, comme nous disons en terme d'agathophiles. Vous avez là une nymphe endormie de Gentileschi-Lomi que je regarde comme une rareté. Ce paysage de Poëlenburg est ravissant comme étude complète des grands phénomènes de l'air et de la lumière. Il est fâcheux que ce Poëlenburg ait deux *repeints*.

— C'est ma foi vrai! s'écria le comte Fabiano; il y a deux *repeints*! marquis d'Isola-Bella, vous avez découvert ce défaut, à la bougie, du premier coup! c'est fort!

— L'habitude! l'habitude! dit le faux marquis d'Isola-Bella, d'un ton modestement orgueilleux.

— Voilà ce que je n'ai jamais compris! dit la Tadolina; mon mari a étonné tous les artistes par son coup d'œil. L'hiver dernier, à Livourne, il acheta, pour deux louis, au bazar de Micali, un tableau dont je n'aurais pas donné deux pauls. A Rome, le cardinal Somaglia nous offrit trente mille écus de ce tableau. C'était un chef-d'œuvre de Schidone, le Christ au jardin des Olives. Mon mari pria le cardinal de l'accepter à titre de don. Je n'ai jamais vu un cardinal plus heureux.

Le mouvement de la soirée détacha successivement les interlocuteurs du groupe de la marquise Grimaldini; Fabiano entraîna Antonini dans une embrasure de croisée, et ils affectèrent tous deux de se plonger au fond d'un entretien sérieux, loin des colloques futiles. La Tadolina se trouva, comme par hasard, en tête-à-tête avec le marquis Viani.

— Vraiment, madame, dit le marquis, vous devez être fière d'un mari tel que le vôtre.

— Mais, il me semble, marquis Viani, dit la Tadolina, que je n'ai rien à gagner à la science de mon mari, et que je ne suis pour rien dans ses triomphes. Les maris de ce genre-là s'occupent d'ailleurs fort peu de leurs femmes. Le mien, par exemple, passerait toute une nuit en extase devant un tableau. Le soir de mes noces je le perdis. Je le fis chercher par mes

gens; on le trouva en contemplation devant un paysage d'Hobbema.
— C'est incroyable !
— Oui, marquis Viani, c'est ainsi. Mon mari raffolerait de moi si j'étais morte depuis deux mille ans, ou si je figurais à l'huile sur une toile signée Van Dick. Les savants n'aiment que la nature morte ; j'ai le tort d'être vivante aux yeux de mon mari... Maintenant, il va se donner encore un congé matrimonial de deux mois pour aller prendre des coups de soleil sur la cheville du mont Etna... On peut dire que la femme d'un savant est veuve du vivant de son époux... Hélas ! il faut se résigner.
— Eh bien ! madame la marquise, vous aurez le temps de faire ample connaissance avec notre belle ville de Gênes. Nous serons tous à votre disposition.
— Mon Dieu, je ne sais comme je suis faite, mais je ne suis pas curieuse du tout... Il est vrai que lorsqu'on a vu Paris !.. Je passe, moi, devant tous vos monuments avec une peur horrible des lézards. Les vieux Romains n'ont travaillé que pour loger les reptiles. Si vous saviez ce qu'on éprouve sur une ruine, en souliers de satin !.. Non, non, ce n'est pas cette folle vie de vagabondage artistique qui était dans mes vœux. J'aurais voulu un mari qui ne s'occupât que de moi, qui n'aimât que moi, qui ne regardât que moi. C'est peut-être un tort de notre organisation ; mais les femmes sont ainsi faites ; elles sont jalouses de toutes les attentions que leurs maris accordent même à des objets inanimés. Croiriez-vous, monsieur, que j'ai brisé une bacchante dans le cabinet de mon mari ? Isola-Bella m'en a gardé rancune six mois.
— Cela fait l'éloge, madame, de l'amour que vous portez à votre mari.
— Oh ! monsieur, vous me jugez avec trop de bonté ! dit l'actrice avec une minauderie de duo bouffe. Je suis mariée depuis six ans ; on m'a épousée à quinze, comme étude... Si l'amour nous a visités l'un ou l'autre dans ces six ans, je vous affirme que l'amour a gardé l'incognito.

En ce moment la marquise Grimaldini vint s'asseoir à côté de la Tadolina et lui présenta un sorbet.

Le comte Fabiano fit un léger signe au marquis Viani, qui se leva et vint le rejoindre.

— Cher marquis, dit Fabiano avec une voix suffoquée par l'enthousiasme, je viens de causer avec d'Isola-Bella... Quel puits de science ! c'est une bibliothèque à deux pieds !
— Sa femme est ravissante, exquise, divine, mon cher comte !
— Oh ! que parlez-vous de la femme ! Le mari m'a cité toute la vie del Giovanni di Matha !.. Je suis écrasé.
— Et là marquise ! la marquise !
— Oui, mon cher Viani, je conviens que la marquise est délicieuse. C'est une véritable Parisienne. Vénus était Parisienne... Regardez-la marcher... On croirait voir la plus belle des Grâces qui a perdu ses deux sœurs... Quel malheur pour moi que son mari soit mon ami et mon compatriote ! En Sicile nous respectons les femmes de nos amis, c'est passé dans les mœurs depuis la questure de Cicéron, qui a écrit, à Syracuse, un fort beau chapitre là-dessus, comme vous savez.
— C'est que... malgré ses vingt-cinq ans, le mari ressemble bien...
— A un mari ; vous avez raison, cher Viani. Oui, d'Isola-Bella me paraît prédestiné à quelque catastrophe domestique. Au reste, il a tant de nobles distractions pour se consoler d'une distraction de sa femme ! Voilà le plus beau privilége de la science !..
— Parlez-vous sérieusement, comte Fabiano ?
— Cher Viani, je parle toujours sérieusement ; demandez à tous mes vieux camarades. Oui, la science console de tout, même de l'infidélité d'une femme et d'un ami... Vous concevez très-bien, marquis, que d'Isola-Bella court à son malheur, tête première. Le voilà qui part une troisième fois pour la Sicile ! et il laisse sa femme à Gênes ! Gênes, ville pleine de jeunes gens comme nous, qui ne demandent pas mieux d'adoucir l'ardeur de l'étude par le charme des galanteries.
— Vous croyez donc, dit Viani d'un ton nonchalant qui visait à la finesse, vous croyez donc que ce mari laissera cette charmante femme dans une hôtellerie ?
— Dans une hôtellerie, non ; il est trop bien élevé pour faire une pareille inconvenance ! mais, ainsi qu'il vient de me le dire lui-même, il a loué une jolie petite maison à l'*Aqua-Sola*, entre cour et jardin ; et la belle marquise y attendra le retour de son mari, comme dans un couvent, avec sa femme de chambre et deux domestiques. Voilà le plan du marquis. Cependant, gardons ce secret pour nous.

Fabiano fit un signal convenu, et Antonini vint se mêler à leur conversation.

Le faux marquis fit un salut imperceptible, et adressant la parole à Viani :

— Marquis Viani, j'ai quelques recherches à faire pour mon grand ouvrage ; avez-vous en ville quelque bibliothèque où je puisse butiner ?
— J'espère bien, marquis d'Isola-Bella, que nous trouverons à Gênes tout ce qu'il vous faut. Nous vous présenterons à Brignole, à Durazzo, à Pallavicini.
— Il me faut l'*Istoria universale* de Bianchini, ou bien celle de Galazzo Gualdo.
— Oh ! nous aurons cela, dit Fabiano.
— Il me faudrait encore, poursuivit Antonini, la *Vita di san Romualdo*, par Castgnizza.
— Nous demanderons cela aux chartreux, dit Viani.
— Pourrai-je me procurer aussi la *Roma Sacra* de Cecconi ?
— Mais je pense que oui, dit Fabiano ; je m'en charge.
— Ou à défaut, il *Rittrato di Roma*, de Morlani ?
— Ah ! je crois que je l'ai, dit Viani ; oui, je l'ai chez moi.
— J'aurais aussi un besoin indispensable d'un ouvrage fort rare de Vilopoggio, intitulé : *Antipaita de Francesi e Spagnuli*.
— Ah ! vous pouvez compter sur celui-là, dit Fabiano ; je l'ai vu chez le marquis de Negro.
— Voilà tout, dit Antonini ; pardon, messieurs, de la peine que je vous donne... Il est déjà fort tard pour

moi... j'ai fait un *extrâ* ce soir... Nous allons prendre congé de la marquise Grimaldini.

Il y eut alors un échange de formules obligées, et les groupes se dirigèrent vers la porte, où la marquise Grimaldini et son neveu reçurent les adieux et les serrements de main.

Viani sortit le dernier, et ses dernières paroles furent celles-ci :

— Mon cher comte Fabiano, le marquis d'Isola-Bella est un puits de science, cela est vrai, mais sa femme est un miracle de grâce et de beauté ; vous avez découvert le mari, et moi la femme.

— Eh bien ! dit Fabiano en riant, gardons chacun nos conquêtes.

— J'accepte de grand cœur, dit Viani.

— Je crois bien, dit Fabiano, vous avez pris la plus belle moitié.

— Adieu, comte Fabiano, je vous attends demain ; nous ferons ensemble nos visites aux d'Isola-Bella.

XI.

LA MAISON DE L'AQUA-SOLA.

Le comte Fabiano avait complétement réussi dans ses projets sur le marquis Viani ; sa perspicacité avait bien jugé la position de cet homme vis-à-vis de la comtesse Hortensia. Le rusé Sicilien comprenait que le marquis, abusant de son pouvoir si redoutable contre une femme proscrite, devait à la longue arriver à une intimité qui le rendrait maître absolu de la maison Brachi ; qu'il était donc urgent de saisir une de ces heures où la passion d'un amoureux de cinquante ans se décourage devant une résistance invincible, pour lui montrer dans le plus prochain avenir quelque conquête brillante et facile dont l'espionnage du monde ne connaîtrait pas le secret ; puis, lorsque des combinaisons infernales auraient écarté ce dangereux rival du salon de la comtesse, il serait facile d'arriver à un autre résultat encore plus décisif.

De Mersanes était toujours à bord du *Cambrian*, où il attendait à toute heure une solution avantageuse pour lui.

Le comte Fabiano avait établi autour de la maison Braschi un espionnage vigilant pour découvrir cet autre rival qu'il n'avait plus revu. Le chef de ces espions était Antonini ; il avait dépouillé l'habit du marquis d'Isola-Bella pour revêtir l'uniforme indigent des Facchini génois. La hardiesse de cet homme était si grande, qu'il entra, en plein jour, déguisé en quêteur franciscain, dans le palais Braschi, où il fit une visite domiciliaire, sans être aperçu par les domestiques.

Au centre de son réseau d'intrigues, Fabiano passait du calme froid à l'activité dévorante, selon le besoin de la situation, et il attendait toujours, pour frapper un coup décisif, une lettre dernière qu'Octavien lui avait récemment promise, et qui devait partir de Varsovie ou de Berlin.

Le marquis Viani avait cru devoir suspendre ses visites au palais Braschi depuis l'ordre d'expulsion qu'il avait donné un peu trop despotiquement contre M. de Mersanes.

Étonné de l'appui que le jeune Français avait trouvé chez le consul de France et le commandant Hamilton, il soutenait encore son droit contre l'autorité supérieure par des raisons spécieuses ou mensongères, mais à la fin, il paraissait incliner vers un accommodement ; car il redoutait surtout que le gouverneur ne découvrît, à force d'enquêtes, que cet ordre de proscription avait son origine dans un accès de jalousie et une intrigue de salon.

De son côté, la comtesse Hortensia ne savait à quel motif attribuer la retraite du marquis ; et, bien que ses visites lui fussent odieuses, elle voyait encore moins de dangers pour elle dans cette obsession quotidienne d'un amour qui éclatait en menaces, que dans cette mystérieuse et soudaine absence qui laissait supposer toute chose sinistre à l'imagination.

La position de nos personnages étant ainsi établie à cette phase de notre histoire, nous entrerons dans la petite maison de l'*Aqua-Sola*, où la Tadolina reçoit depuis plusieurs jours les visites mystérieuses du marquis Viani.

C'est une résidence solitaire et pleine de ce charme qui retient le visiteur, et lui fait tout oublier. Fabiano avait admirablement choisi la position.

Les voisins, ces créateurs de l'indiscrétion, n'existaient, sous aucun sexe, autour de la maison de la Tadolina. Le jardin clos de murs, était encore, par luxe de précaution, bordé sur ses trois ceintures par trois rideaux de peupliers qui ne permettaient qu'au soleil de midi de lancer un rayon en passant. L'appartement de l'actrice respirait la grâce et l'élégance. Les fresques des quatre murs et du plafond avaient traduit les métamorphoses d'Ovide avec une grande ingénuité mythologique. Des guéridons en mosaïque offraient à l'ennui un luxe incroyable d'albums et de frivolités italiennes ; et de tous les coussins du divan, les yeux pouvaient voir, à travers les vitres, tout ce que le jardin recélait d'enchantement et de caprice dans ses fleurs, ses treilles, ses fontaines, ses volières, ses berceaux.

Un soir, le marquis Viani arrivait dans cette charmante demeure avec une de ces espérances infaillibles qui réjouissent le cœur. Il entra de ce pas familier que prend l'amitié intime lorsqu'elle s'apprête à changer de nom, et son premier regard lancé dans l'appartement et sur la belle actrice le confirma dans toutes ses illusions ; un sourire divin l'accueillit, et une main qui se leva et retomba nonchalamment sur le coussin d'appui lui fit signe de s'asseoir.

Le marquis Viani commençait quelques syllabes ; mais les dernières lettres mouraient dans sa bouche. Il mit la main sur son cœur, seule expression qui reste quand la parole manque.

La Tadolina, de son côté, joua le trouble avec une imitation parfaite, puis, quand elle eut réprimé son émotion de comédie, elle laissa tomber ses paroles en gammes indolentes :

— Vous m'excuserez, marquis, si je vous reçois dans ce négligé. Ma femme de chambre est en ville, pour un baptême. D'ailleurs, j'ai fait de la musique tout le jour ; j'ai essayé un piano de Spregh que j'ai reçu de Trieste. Vous m'excusez, n'est-ce pas, cher marquis ?

En disant cela, l'actrice tendit la main à Viani et ouvrit de grands yeux bleus remplis de muettes confidences.

Viani eut recours à ces bienheureux monosyllabes qui sont la ressource des hommes troublés par la situation et abandonnés par l'esprit. La Tadolina retira sa main, que Viani avait saisie, et continua :

— Croyez-vous aux rêves, marquis ?

— Je crois à celui que je fais en ce moment, répondit Viani, en s'étonnant lui-même d'avoir trouvé cela.

— Méchant!.. J'ai rêvé que mon mari avait naufragé devant Palerme, et qu'il m'avait écrit du fond de la mer une lettre amoureuse pour la première fois de sa vie, une lettre qui m'engageait à partir pour le joindre dans un palais de coquillages sous-marin qu'il avait acheté de la nymphe Calypso... Vraiment les rêves sont fous !

— Eh! dit le marquis en prenant un air léger, chère marquise d'Isola-Bella, les rêves sont plus sensés que nous quelquefois!.. Il y a un veuvage là-dessous.

— Ma foi!, cher marquis, le veuvage est un état comme un autre ; je suis prête à le subir ; on s'expose à ce malheur en se mariant... Je vous avouerai pourtant qu'il est cruel de perdre son mari par un naufrage.

— Mais, chère marquise, c'est une mort comme une autre, il me semble.

— Oh! que non ; si je perdais d'Isola-Bella de cette manière, je n'oserais plus regarder la mer ; il me semblerait que chaque vague m'apporte un échantillon de mon mari.

— Quelle idée bouffonne, ma belle marquise !

— Pas si bouffonne, cher marquis. On aime bien mieux, quand on a le malheur d'être veuve, savoir que son mari repose en paix dans un bon tombeau, bien scellé, avec une épitaphe qui proclame ses vertus.

— Votre songe, belle marquise, vous a donné des idées de veuvage bien noires, que vous exprimez avec une gaieté charmante.

— Cher marquis, ce songe m'a fait rêver.

— Votre petit d'Isola-Bella ne m'a jamais paru cependant un mari intraitable, ma tout adorable marquise.

— Oh! ceci est une autre question! D'Isola-Bella est confiant et juste ; mais je ne me dissimule pas quel horrible destin serait le mien, si je m'écartais du chemin de l'honneur.

La Tadolina prit la pose de la Polymnie du Louvre, et parut abîmée dans de sérieuses réflexions, comme Hélène méditant un voyage avec le royal berger de l'Ida.

— Vraiment ! dit Viani avec l'étourderie d'un séducteur qui se moque de la colère des époux, vraiment! belle dame, votre d'Isola-Bella serait homme à garder rancune à sa femme pour un enfantillage, une distraction, une infidélité ?

— D'Isola-Bella! dit la Tadolina d'une voix modulée par la terreur, a des passions vives, comme le premier ignorant venu. Il a puisé dans l'étude de l'histoire le goût des grandes catastrophes domestiques ; si je lui en fournissais le prétexte, il me poignarderait volontiers pour donner aux peintres le pendant du tableau de Virginie Ces hommes nourris des horreurs grecques et romaines jouent avec la mort, et mon mari ne demanderait pas mieux que de m'envoyer dans l'enfer du Dante, moi et mon amant, faire vis-à-vis à Françoise de Rimini et à son coupable compagnon.

— *Soli eravamo e senz'alcun sospetto.*

— Ah! dit Tadolina avec un sourire sérieux, je suis bien aise que vous connaissiez l'histoire de cet époux qui tua sa femme, et l'autre...

— Oui, dit Viani, mais Dante ajoute que cet époux est assis, pour sa punition, à côté de Caïn.

— Bah! mon mari se moquerait bien du voisinage de Caïn ; il me tuerait, il tuerait l'autre, et le sopha de Caïn, qu'il occuperait après, ne nous ressusciterait pas... et pourtant, voilà le sort que l'on a fait aux pauvres femmes !.. Hélas ?.. on nous marie à seize ans avec celui que notre cœur n'a pas choisi! on nous sacrifie à l'autel de l'hyménée (avec un geste tragique de sacrificateur)! on nous pare de fleurs pour cette cérémonie de Tauride! et puis.... longtemps après.... si nous voyons passer dans notre vie le mortel qui a le secret de notre âme et de nos vœux..... si l'invincible élan de la nature nous entraîne vers cette âme, moitié de la nôtre, un cri de réprobation s'élève contre nous du milieu de ce monde impur, trop criminel pour pardonner une erreur.

L'actrice se laissa tomber comme anéantie ; une de ses mains voilait ses yeux, l'autre se crispa, comme par hasard, sur le bras de Viani.

Le marquis, ému de toutes les émotions, saisit doucement cette main charmante qui se laissa saisir.

La nuit était déjà sombre dans le jardin, et, comme il arrive souvent aux entretiens intimes du soir, on n'avait pas demandé les bougies ; les étoiles seules luisaient sur les vitres, et les vitres renvoyaient dans l'angle du divan une lueur crépusculaire, sur laquelle se détachait encore l'éblouissante figure de l'actrice, comme un portrait de Van-Dyck, vieilli de deux siècles, par la négligence du possesseur. On n'entendait au dehors d'autre bruit que le mystérieux duo d'amour chanté par les fontaines et les arbres dans le calme des nuits d'été.

— Que ce bruit est doux à l'oreille! dit la Tadolina ; il semble qu'une voix aimée vous fait une confidence au cœur.

— Bella! Bella! dit Viani avec toute la tendresse d'un adolescent, la voix qui vous dit d'aimer ne vient pas du dehors ; elle est ici... ici, reine de mon âme !

Et il tomba lourdement à genoux devant l'actrice, et sa bouche égarée osa effleurer les diamants qui luisaient à la racine de ses doigts.

— Que faites-vous, cher marquis? dit-elle d'une voix encourageante... Reprenez votre place, et causons en bons amis, comme toujours.

— Bella! je vous laisse l'amitié, laissez-moi l'amour, dit Viani d'une voix expirante.

— L'amour! s'écria l'actrice; quel nom avez-vous prononcé ?

— Je ne connais pas un plus gracieux nom après le vôtre.

— Silence! taisez-vous! dit la Tadolina en appuyant ses lèvres sur l'oreille de Viani.

Le marquis épouvanté se leva vivement, et l'obscurité ne permit pas de voir l'horrible pâleur de sa face, et ses gestes désolés qui faisaient des interrogations, en l'absence de la voix.

Des trépignements de pieds, et des voix furieuses retentissaient dans le vestibule.

— Mon Dieu! mon Dieu! s'écria la Tadolina en tombant à genoux, que se passe-t-il là!... Viani, fermez la porte à double tour... avec précaution... sans bruit... retirez la clé... Mon Dieu! ayez pitié de moi!

La porte était à peine fermée, qu'un horrible carillon de coups tomba contre elle à la hauteur de la serrure; et on entendit une voix tonnante avec ces mots:

— Ouvrez! madame! ouvrez!

— Désespoir! dit la Tadolina, en tordant ses bras autour du cou de Viani; et laissant tomber sa tête sur l'épaule de son compagnon anéanti.

— Ouvrez, madame! criait la voix extérieure; ouvrez! ou j'enfonce la porte à coups de hache!

— Malédiction! s'écria Tadolina, et elle tomba sur le parquet raide morte, avec ce mouvement rapide, dont les actrices ont l'habitude, et qui épouvante ceux qui n'ont pas comme elles, le talent de bien tomber.

Viani, éperdu, mesurait la hauteur d'une croisée qui s'ouvrait sur un bassin.

Au même instant un panneau de la porte vola en éclats sous trois coups de hache; une vive lumière extérieure éclaira soudainement le salon, et Antonini, un flambeau d'une main, et une épée de l'autre, s'élança sur Viani.

Le péril rendit la parole au marquis.

— D'Isola-Bella! je suis innocent! innocent! s'écria-t-il en tombant à genoux.

— Innocent! s'écria Antonini d'une voix terrible et avec un éclat de rire infernal; innocent! eh bien! tu vas périr parce que tu mens!

— Une minute! une minute! au nom du ciel!

— Cesare! Cesare! criait Antonini, veillez sur la porte, le pistolet au poing!

— Cesare veille! répondit une voix lugubre dans le vestibule.

— Lève-toi, femme coupable! femme maudite!... Voyez-la! comme elle joue l'évanouissement! lève-toi! te dis-je, ou je te cloue sur le parquet!

La Tadolina fit un léger mouvement, comme à la fin d'un cinquième acte, lorsqu'une reine s'est poignardée, et qu'elle essaie de se relever pour achever un duo commencé en bonne santé.

Antonini s'écria, l'épée haute:

— Voyez! voyez! tout cela n'était qu'un jeu! qu'une comédie! l'infâme épouse feignait l'évanouissement devant moi, comme l'amour.

— Grâce! grâce! s'écria l'actrice en se redressant sur ses genoux, et joignant ses mains.

— Grâce! dis-tu? s'écria Antonini, au comble de la fureur jouée; sais-tu bien que ce mot est l'aveu d'un crime, et que ce crime, c'est ta mort!

Viani sanglotait, la tête appuyée sur un fauteuil.

Antonini, agitant son épée, se promenait d'un pas rapide d'un angle à l'autre du salon, et il récitait ce monologue, paroles de Fabiano, musique de Tadolina:

— Voyez-les! voyez-les ces deux misérables!.... Quelle horrible dégradation! comme le crime se peint bien dans leur attitude! Oui, oui, pleurez! pleurez!.. Vos pleurs me rendront-ils l'honneur et le repos à jamais perdu?.. Taisez-vous, monsieur! je vous défends de faire un signe! je vous défends de dire un mot!.. et à toi aussi, épouse indigne de moi!.. Quatre siècles de noblesse flétris en un instant! Notre famille, alliée aux Borromée! La voilà noyée dans la fange de l'adultère!.. Oh! je n'y survivrai pas!.. Il faut que mon sang se mêle au sang de ces deux infâmes!.. Je saurai me frapper au cœur... sur leurs cadavres!.. Ils étaient ici, les misérables! chez moi... Ils s'enivraient de délices; ils se juraient un amour éternel; ils cueillaient chaque minute comme une fleur; ils échangeaient entre eux ces paroles ardentes que le crime souffle de l'enfer à l'oreille des amants adultères... Et moi! moi! j'allais braver la colère de Neptune et les fureurs d'Éole, pour rapporter au temple de la science mon grain de sable péniblement récolté!.. Malheureux époux!.. Oui, il faut une expiation! elle sera terrible!.. Le soleil de demain ne verra pas le sang de cette nuit... ce sang sera couvert par la fosse... Oh! je ne croyais pas qu'il y eût tant de volupté au fond de la vengeance d'un époux... Je sens à mon tour que le crime a ses douceurs secrètes... mais il faut la savourer goutte à goutte cette vengeance... Stupide est celui qui tue son ennemi d'un seul coup... Il faut au contraire ménager cette vie, et la diviser en mille morts... n'est-ce pas, Viani?.. Il faut que j'enfonce, avec une délicate raffinerie, la pointe de mon épée sur toutes les écailles de ton corps, vil serpent...

La Tadolina poussa un cri, et, se relevant avec impétuosité, elle vint tomber aux genoux d'Antonini, en s'écriant, d'une voix d'Andromaque reconnaissant le cadavre d'Hector:

— Pardon! grâce! pardon! mon époux!

Antonini se précipita sur l'actrice avec une violence apparente qui effleurait à peine la robe, et la saisissant dans ses bras, il la jeta brutalement hors du salon; et Viani entendit la chute d'un corps sur le marbre du vestibule et un cri sec et déchirant qui annonçait que la bouche d'où il sortait se fermait peut-être pour toujours.

Viani répondit à ce cri par une exclamation sourde!

— Venez, venez voir votre ouvrage! lui dit Antonini... malheureux! c'est toi qui l'as tuée cette femme. viens donc la voir nager dans son sang... viens, que je t'immole sur son cadavre comme Polydore sur le corps de Priam, comme Euryale sur le corps de Nisus!

Natum ante ora patris, patremque obtruncat ad aras!

Antonini, debout sur le seuil de la porte, avait l'air d'assister au plus affreux des tableaux, et d'être en proie au plus violent désespoir; il garda quelque temps un morne silence, puis il s'écria:

— Cesare, ôte de mes yeux cet horrible spectacle!

prends le cadavre de cette femme infortunée, et dépose-le dans une salle basse. Nous lui rendrons les honneurs de la sépulture demain.

La Tadolina dansait légèrement sur la pointe des pieds, au fond du vestibule.

— Cesare, efface sur le marbre ces horribles taches de sang, et reviens à ton poste avec le brave Poggioli. Bientôt j'aurai besoin de vous deux pour une plus sanglante expiation... Écoute, maintenant, infâme Viani, et obéis... Voici une plume, de l'encre et du papier... Relève-toi, et écris sous ma dictée...

Viani, épuisé comme par la sueur d'une agonie, obéit machinalement.

— Écris, dit Antonini... C'est à moi que ton billet est adressé.

Et Viani écrivit.

« Monsieur le Marquis,

« Si mes remords pouvaient effacer mon crime, je
« voudrais vivre un siècle d'une vie de remords. J'ai
« porté le trouble et la mort dans votre noble maison ;
« je vous ai déshonoré ; je suis l'infâme séducteur de
« votre femme et son meurtrier. Je ne vous demande
« aucune pitié, je n'attends que l'exécration due à
« mon forfait.

« Signé : Marquis Antonio Viani.

« Juillet 1833. »

— C'est bien ! dit Antonini en lisant le billet ; c'est bien ! l'écriture et la signature ne sont pas contrefaites... Maintenant, il me faut un second billet... Comment se nomme ton intendant, Viani ?

— Marco Gaddi, répondit Viani d'une voix éteinte.

— C'est bien ! reprends la plume et écris encore sous ma dictée :

« Mon intendant Marco Gaddi est autorisé à donner
« l'accès de mon jardin, soit de nuit, soit de jour, au
« porteur de ce billet. Je serai absent quelques se-
« maines pour le service du roi.

« Marquis Antonio Viani. »

— La marquise d'Isola-Bella, dit Antonini, sera inhumée pendant la nuit dans le jardin de son meurtrier et de son vil séducteur. Quelle leçon !

Le marquis Viani joignit les mains comme pour une prière ; et d'une voix déchirante, il murmura quelques mots qui faisaient pressentir une justification. Mais Antonini frappa si violemment le parquet avec son pied, et fit un signe d'épée si menaçant, que Viani n'ajouta pas un mot, et retomba dans son anéantissement.

— Maintenant, dit Antonini, je vais donner mes ordres et placer mes sentinelles, et quand il faudra mourir, sois prêt, Viani, sois prêt !

Antonini sortit dans le vestibule, où l'attendait le comte Fabiano. L'entretien qu'ils eurent ensemble fut court et à voix très-basse.

— Antonini, je suis content de toi, dit Fabiano ; la scène a été bien jouée.

— Monsieur le comte est bien bon, dit Antonini en s'inclinant de respect.

— Donne-moi le billet pour l'intendant Marco Gaddi.

— Le voilà, monseigneur.

— Avec ce billet la comtesse Hortensia est à moi ; tous les obstacles sont renversés.

— Monseigneur, vous êtes un grand homme.

— Antonini, garde notre Viani à vue ; tiens-lui toujours sur sa tête ton épée de Damoclès, mais ne la laisse jamais tomber. Songe que notre méchanceté ne doit commettre que des folies. Avec de l'adresse innocente on arrive à tout. Prends au contraire le plus grand soin de Viani. Cesare jouera le rôle d'un domestique compatissant qui trompe son maître, et prodigue des bienfaits clandestins à un malheureux. Tu m'as bien compris ?

— Oui, monseigneur ; Cesare sera censé soigner Viani à mon insu.

— C'est cela. Maintenant je pars pour achever mon ouvrage. Attends mes ordres ici. Tu ne les recevras qu'après-demain. Je descends un instant au jardin pour saluer la Tadolina, et la féliciter sur son admirable talent. Dans ma reconnaissance de grand seigneur, je n'oublierai ni elle ni toi.

XII.

LE SOUPÇON.

Un incident de la plus haute importance avait forcé le comte Fabiano à précipiter le dénoûment de l'innocente tragédie qu'il venait de faire jouer dans la maison isolée de l'*Aqua-Sola* : M. Anatole de Mersanes était descendu en ville, en plein jour.

Les instances du consul avaient triomphé de toutes les oppositions ; et l'on ne sera pas étonné des difficultés qu'il fallait vaincre, si l'on songe aux sourdes agitations qui fermentaient en Italie, à cette époque, et à la susceptibilité ombrageuse excitée par les Français dans les villes du littoral. Une seule condition avait été imposée à M. de Mersanes ; il s'était engagé à ne recommencer ses visites à la maison Braschi qu'après un certain laps de temps.

Fabiano, le rusé Sicilien, courut tous les quartiers habitables de la ville pour rencontrer M. de Mersanes, et l'aborder avec toute la franchise d'une hypocrite loyauté.

Cette fois, les circonstances aidant, il se croyait certain d'arriver à son but ; et toutes les circonstances lui arrivaient au gré de ses vœux, comme on verra bientôt. Pourtant il ne se dissimulait pas qu'il avait besoin, plus que jamais, d'une diplomatie et d'une finesse de langage merveilleuses ; mais il comptait sur son imperturbable aplomb, et sur la candeur de l'honnête jeune homme qui était son rival.

Dans l'étroite rue San-Luca, espèce de corridor où le débiteur ne peut éviter son créancier, le comte Fabiano tomba pour ainsi dire sur la pointe des pieds de M. de Mersanes. Celui-ci détourna brusquement la tête, par ce sentiment de prudence qui pousse un étranger déjà suspect à éviter toute nouvelle occasion de scandale, dans une ville où il est toléré par faveur ;

Ses lèvres ont murmuré sur la bouche de l'ange des paroles inouïes.

mais Fabiano, avec une audace inouïe, s'inclina devant lui, chapeau bas, et lui prenant la main :

— Comte de Mersanes, lui dit-il, je bénis le hasard qui m'a conduit devant vous. J'ai des excuses à vous faire, et je vous les fais.

Ces paroles furent prononcées d'un ton de bonhomie saisissante et avec un jeu de physionomie digne d'un comédien achevé. Anatole de Mersanes, pris à l'improviste, ne répondit que par une pantomime embarrassée dont il n'aurait pu lui-même expliquer le sens.

— Je vous cherche depuis longtemps, poursuivit Fabiano d'un ton amical et léger, en prenant familièrement le bras d'Anatole, et l'entraînant avec lui vers les *Banchi*; mon injuste procédé me pesait sur le cœur. Je vous ai dit follement une parole d'absurde colère. Que voulez-vous? j'avais le sang au cerveau et c'est le délire qui a parlé.

— Je suis forcé, monsieur, dit Anatole avec une gravité digne, je suis forcé d'accepter des excuses et de pardonner au délire; nous sommes en pays étranger.

— Oh! je vous préviens, comte de Mersanes, dit Fabiano avec une inflexion de voix charmante et le plus gracieux sourire, je vous préviens que je veux être excusé par vous en meilleurs termes. Il ne faut pas que la politique intervienne dans nos humbles débats. La question est toute simple. J'avais une idée sur une femme; j'ai cru voir un rival en vous; je me suis oublié. Je reconnais mon tort et je vous prie de me le pardonner. Si notre scène avait eu des témoins, je vous ferais mes excuses devant eux. Fort heureusement nous étions seuls.

La mélodie qui accompagnait ces paroles était attendrissante. De Mersanes, trompé, comme se trompent toutes les nobles âmes qui ont souffert et qui ont

A l'aube le comte Fabiano disparut.

trop réfléchi sur leurs malheurs pour s'être donné le temps d'étudier les hommes, de Mersanes prit la main de Fabiano et la serra.

— J'ajouterai aussi, continua Fabiano, que pour vous offrir mes excuses j'ai cru devoir attendre le moment favorable. Aujourd'hui mes illusions et les vôtres sont, hélas! évanouies; et il m'en coûte ainsi beaucoup moins à moi de vous offrir ces excuses, et à vous de les accepter.

M. de Mersanes baissa les yeux et réfléchit un instant, puis :

— Je ne vous comprends pas, comte Val di Nota, dit-il; prenons garde; il y a quelque malentendu. Votre dernière phrase n'est pas claire.

— Comte Anatole, il me semble que ma dernière phrase s'explique assez d'elle-même.

— Écoutez, monsieur, dit Anatole en regardant autour de lui, nous sommes entourés d'oreilles et d'yeux. Le lieu est mal choisi pour expliquer des phrases obscures...

— Eh bien! comte de Mersanes, prenons un canot devant les Banchi, et traversons le port jusqu'au jardin Doria.

Ce qui fut fait.

— Vous avez, si j'ai bien entendu, comte Val di Nota, vous avez parlé de nos illusions évanouies...

Fabiano fit un signe affirmatif.

— Si c'est un piége que vous me tendez pour m'arracher un secret, je vous préviens que vous perdez votre temps, et que vous me rendez les droits que j'avais sur vous avant notre rencontre à via San-Luca.

— Comte de Mersanes, dit Fabiano d'un ton de franchise plus vrai que la vérité, parlez-vous sérieusement? Ignoreriez-vous, par hasard, ce que toute la ville sait? Serait-ce vous qui me tendriez un piége?..

Je suis un enfant des montagnes de Sicile ; mon cœur est sur ma main ; je me livre au premier venu. Si vous prenez un détour pour provoquer de moi quelque confidence, c'est une peine inutile ; agissez franchement ; je ne demande pas mieux que de vous dire un secret, si j'en ai un au fond de l'âme. Par malheur, je vous le répète, le seul secret qui aurait pu vous intéresser est aujourd'hui le secret de tout le monde ; il est du domaine public.

— Oh ! dit Anatole avec une impatience contenue, je n'aime pas les énigmes trop prolongées. Voyons, quel est ce secret connu de tout le monde, et qui, par conséquent, peut se publier sans indiscrétion.

— Mais, dit Fabiano en étendant ses bras horizontalement dans toute leur longueur, mais il paraît, comte de Mersanes, que vous n'habitez plus Gênes depuis quinze jours ? Avez-vous fait une absence de deux semaines.

— Le secret ! le secret ! comte Fabiano.

— Eh bien ! la comtesse de Varsovie nous a joués, vous et moi ; voilà le secret !

De Mersanes ébranla le canot par une secousse brusque, et prit vivement le bras de Fabiano.

— Maintenant, ajouta Fabiano avec une tranquillité admirable, maintenant je vois que nous ne saviez rien.

— Prenez garde ! monsieur, dit Anatole avec un regard orageux ; prenez garde ! monsieur ; vous parlez d'une noble dame, et vous avez encore le temps de vous repentir !

— Il ne savait rien ! dit Fabiano avec un étonnement plein de naturel.

— Oui, monsieur, je savais beaucoup ! je sais que la calomnie s'était ruée sur cette dame, comme elle fait sur tout ce qui est grand, beau, noble, envié. Je savais que tout ce qu'il y a de grisonnant, de difforme et de dédaigné parmi les femmes, tout ce qu'il y a de stupide, de méchant et de fou parmi les hommes, s'efforce d'échapper à l'ennui qui les ronge en s'acharnant sur toute réputation qu'une épée ne défend pas ! Je savais cela, monsieur. Vous voyez que je n'ignore rien.

Fabiano écouta cette tirade les yeux fixes et la bouche béante, de l'air d'un homme qui sort d'un rêve et qui se demande si ce qu'il voit et entend continue le mensonge où commence la réalité ; puis, secouant mélancoliquement la tête, il dit :

— Comte de Mersanes, je rends hommage à vos nobles sentiments, et je suis fier de vous dire que ces sentiments sont aussi les miens. Mon épée est toujours prête à sortir du fourreau pour venger l'honneur d'une femme. Mais il ne faut pas que la sainte horreur que la calomnie inspire couvre du manteau de l'impunité la femme qui viole ses devoirs ouvertement à la face du soleil. Comte de Mersanes, je ne suis pas un enfant étourdi, et je sais que je parle à un homme grave et réfléchi. Lorsque j'ai donné cette tournure à notre conversation, c'est que je me sens assez fort pour aller aussi loin que l'incrédulité la plus exigeante le voudra. Une calomnie stupide ou folle ne sortira jamais de ma bouche. Il me faut cent preuves évidentes du déshonneur d'une femme pour y croire ;

il me faut un intérêt personnel pour en parler. Ces deux conditions se présentent aujourd'hui.

Le comte de Mersanes, en proie à une agitation violente, attachait sur Fabiano des yeux d'une expression inconnue.

— Comte de Mersanes, continua Fabiano, ce que vous éprouvez en ce moment, je l'ai éprouvé, moi. J'ai senti la fièvre à mes pieds et à mon front ; j'ai senti mon cœur se fendre comme un cratère dans une éruption, et mes veines se gonfler comme si le désespoir eût doublé chaque goutte de mon sang ; car, je vous l'avoue aujourd'hui, j'ai aimé Hortensia d'un amour impossible, d'un amour surhumain. Eh bien ! lorsque cette femme, par un hasard venu du ciel, s'est révélée à moi dans toute sa coquetterie criminelle...

— Assez ! assez ! monsieur, dit le comte de Mersanes d'une voix sourde, et avec un geste qui se faisait violence pour retenir la menace ; assez ! assez !

Ils abordèrent au jardin Doria, et ils s'avancèrent silencieusement vers le bassin des Aigles.

Quoique M. de Mersanes eût interrompu Fabiano, il était pourtant facile de voir qu'une curiosité infernale le retenait encore auprès du Sicilien, et qu'il ne demandait pas mieux que de renouer la conversation, lorsqu'il aurait donné à son sang le calme nécessaire pour écouter quelque révélation épouvantable. Fabiano, en comédien accompli, affectait le maintien impassible de l'homme sûr de son fait, et qui attend la convenance d'un interlocuteur pour l'accabler par un dernier coup victorieux.

Sous l'obsession d'une pensée terrible, on répète machinalement le dernier mot qu'on a prononcé dans un entretien. Il y a même, dans cette répétition automatique, quelque chose qui ressemble aux monologues de la folie. M. de Mersanes, debout sur le bord du bassin des Aigles, disait, d'une voix sourde : Assez ! assez ! monsieur ! Et l'inflexion qui accompagnait ce monologue de trois mots, était notée de manière qu'elle semblait inviter Fabiano à poursuivre sa confidence interrompue ; de même qu'on entend quelquefois, dans une scène d'opéra, la musique de l'orchestre contrarier la musique des voix.

Le rusé Sicilien, assis nonchalamment sur le marbre, et caressant de la main l'aigle essorant des Doria, murmurait, sur un ton philosophique, cette phrase de situation :

— Oh ! si ces treilles, ces galeries, ces allées de myrthes avaient une voix comme nous, et si elles nous contaient l'histoire galante de leur âge d'amour, combien nos intrigues du moment nous paraîtraient innocentes devant le scandale monumental des siècles éteints !

— Ce qui est éteint est éteint, dit Anatole de Mersanes, saisissant le premier mot venu pour servir de transition... ; et il ajouta ces deux vers du Cantique des Cantiques :

> Le lion mort ne vaut pas
> Le moucheron qui respire !

— J'attends ! dit Fabiano avec un ton calme, une tranquillité angélique.

— Eh bien! écoutez-moi. Vous m'avez insulté l'autre jour, là-haut sur la montagne, vous me devez une réparation : consentez-vous à me la donner si je puis vous prouver que la confidence que vous allez me faire n'est qu'une atroce calomnie!

— Oui, dit froidement Fabiano.

Ce *oui*, glacé comme l'acier d'un poignard, fit tressaillir Anatole ; ce *oui*, prononcé sans hésitation, lui sembla la préface d'une épouvantable vérité.

Fabiano croisa les bras, et lançant un regard triste par-dessus les mâts des navires, il secoua la tête et dit :

— Comte de Mersanes, la comtesse dont le nom ne sortira plus de ma bouche, reçoit chez elle un jeune homme tous les soirs, à dix heures, et ce jeune homme est son amant.

Les lèvres d'Anatole tremblèrent, mais aucune parole n'en sortit.

— Vous comprenez, poursuivit Fabiano, que si je vous dis une pareille chose avec ce calme, cette assurance et cette crudité d'expression, c'est que la preuve de ce que j'avance est dans mes mains.

— Dans vos mains! dit Anatole comme un écho usé par ses répétitions.

— Ou dans les vôtres, si vous aimez mieux.

— La noble comtesse Hortensia!.. Comte Fabiano! dit Anatole en joignant ses mains raidies, et les élevant par-dessus sa tête ; la noble exilée!.. Savez-vous que tout votre sang versé par moi dans le mien ne laverait pas une pareille calomnie?

— Mon sang est à vous comme le vôtre, si je mens... Eh! mon Dieu! je donnerais ma vie de grand cœur si vous pouviez me prouver que je calomnie cette femme! il est si cruel de perdre sa plus belle illusion ; c'est un apprentissage de la mort, c'est se donner la vieillesse à trente ans!

— Oh! je suis à l'agonie, comte Fabiano ; frappez donc un coup, un seul coup ; tuez-moi, si vous le pouvez, mais d'un seul coup.

— Pauvre jeune homme! dit Fabiano avec un accent de vérité déchirant ; non, je ne veux pas vous tuer, je veux vous guérir comme moi... C'est le hasard, béni soit ce hasard! qui m'a rendu le témoin de la criminelle étourderie de cette femme! J'étais, la semaine dernière, en soirée chez le marquis Viani, avec les anthologistes ; les salons étaient brûlants ; je descendis au jardin pour respirer un peu de fraîcheur, je ne connaissais pas le jardin du marquis Viani ; ainsi j'ignorais qu'il fût séparé par une grille de fer, du jardin Braschi. Dix heures sonnaient à l'*Albergo de Poveri*. Cheminant au hasard sous les grands arbres, je jetai un coup d'œil sur la grille, et j'aperçus une femme dont les gestes et les éclats de rire annonçaient le caractère le plus jovial de l'univers : un jeune homme lui donnait le bras avec toute la négligence et tout l'abandon de la plus scandaleuse intimité. Il me fallut un quart d'heure d'observation pour me décider à admettre que cette femme était la comtesse Hortensia : l'allure folle que je lui voyais me révolta ; et s'il faut tout vous dire, je vous avouerai que je crus d'abord vous reconnaître dans le compagnon de sa promenade nocturne.

Après une attention plus scrupuleuse, je m'aperçus que le jeune homme n'avait pas votre taille, et je distinguai même, dans une éclaircie du jardin, la couleur de ses cheveux, bien différents des vôtres, car ils étaient blonds. Je l'atteste sur l'honneur, si ce mystérieux rendez-vous ne m'eût pas intéressé directement dans mes plus vives affections, j'aurais quitté mon poste à l'instant même, tant je sentais au fond de ma conscience un murmure qui accusait ma délicatesse et ma loyauté de gentilhomme. Mais j'étouffai cette voix intérieure, et je continuai un espionnage qui, dans toute autre circonstance, m'aurait paru odieux, en me révoltant contre moi-même. Par intervalles, le caprice de leur promenade les amenait si près de la grille que j'entendais distinctement leur conversation, et les paroles évaporées qui arrivaient alors à mes oreilles attestaient à quel degré d'intimité s'était élevé ce coupable amour. Tout ce que la passion a d'extrême éclatait dans chaque phrase du jeune homme, et la veuve folle répondait avec ces sourires divins dont les rayons se mêlaient aux rayons des étoiles. Vingt fois je fus tenté de pousser un cri désolant, comme le cri d'un spectre, et d'empoisonner cette ivresse criminelle qui croyait n'avoir pour témoins que les statues muettes du jardin ; mais je trouvais une volupté de damné à me poignarder moi-même, minute par minute, à ce spectacle, à mourir à chaque instant d'une jalousie de feu, et à ressusciter encore pour mourir. Ils quittèrent enfin le bocage de la nymphée ; une porte de la maison s'ouvrit et se referma ; je ne sais si le dernier mot qui m'arriva fut un adieu ou une parole de tendresse ; je n'entendis bientôt plus que le chant de la fontaine, et je restai seul, en proie à une si fiévreuse agitation qu'il me semblait encore voir ces deux êtres odieux passer et repasser devant moi.

Le comte Fabiano se tut, et un frémissement convulsif agita son corps ; ses regards fixes attachés au sol semblaient, comme dans un rêve, assister au spectacle étrange de cette nuit.

M. de Mersanes était toujours debout, comme un homme qui regarde avec un effroi muet le coup de foudre qui l'a frappé, et qui fume encore à ses pieds. Il y avait dans le récit de Fabiano un luxe si complaisant de détails, et un accent de vérité si naturel, que le plus méfiant des amoureux ne pouvait le suspecter de mensonge. Après un moment de silence dévoré par un siècle de désespoir, le comte de Mersanes eut une réaction rapide de calme qui lui permit de parler.

— Comte Val de Nota, dit-il, en s'efforçant de raffermir sa voix, je vous fais l'honneur de croire que votre récit est vrai. En vous supposant tous les motifs imaginables pour me tromper, il est impossible d'admettre qu'un gentilhomme puisse inventer une aussi atroce calomnie et la développer avec une telle complaisance de détails. Si vous mentez, vous n'êtes pas un homme, vous êtes Satan.

Fabiano donna un regard mélancolique à de Mersanes, et, poussant un soupir :

— Je suis malheureusement un homme, dit-il, et un homme brûlé des tortures de l'enfer. Eh! que m'importe à moi, qu'à cette heure vous n'ajoutiez pas foi à mes paroles! Que m'importe une insulte de vous, si vous osez me la faire! N'ai-je pas encore en mains une preuve dernière, une arme non soupçonnée avec laquelle je puis vous écraser? pourquoi ne me demandez-vous pas de faire briller à vos yeux cette arme formidable, déjà tirée à demi?

Ces mots furent dits avec une tranquillité pleine d'amertume, d'ironie et de menaces. Chaque syllabe vibrait dans la poitrine d'Anatole comme un coup de tam-tam. Son attitude silencieuse interrogeait Fabiano.

Celui-ci continua :

— Comte de Mersanes, savez-vous bien que j'ai vu les mêmes choses ces nuits dernières, et que la même vision ne se répète pas? Savez-vous bien que, si par hasard je m'étais trompé la première fois, il vous est impossible d'admettre qu'une pareille erreur puisse se prolonger une semaine! Savez-vous bien que je puis vous dire : Venez avec moi, et voyez! voyez!

Le comte de Mersanes tendit la main à Fabiano et dit :

— Comte Fabiano! serrez-moi la main. C'est une action honteuse, la première de ma vie; j'en demande pardon à Dieu; je l'expierai de mon sang. La chair est plus faible que l'âme. J'irai!

— Bien! dit Fabiano; et vous donnez votre parole d'honneur que vous ne direz à personne que c'est moi qui vous ai révélé cet horrible secret?

— Je vous la donne.

Ils se serrèrent énergiquement les mains.

— Comte de Mersanes, ajouta Fabiano, écoutez-moi bien. Il faut beaucoup de prudence. Il faut tromper Viani lui-même, le premier espion de l'Italie. Il faut marcher à pas de tigres sur un terrain délateur.

— Je suis prêt à tout.

— Comte de Mersanes, songez aussi à tous les caprices du hasard. Si vous ne voyez rien ce soir, ne m'accusez pas; ayez la patience d'attendre demain.

— J'attendrai.

— Bien!.. je vous promets de vous satisfaire... et au-delà même de vos espérances... Comprenez-vous?

— Oui, monsieur.

— Vous serez content de moi.

— Tout mon sang pour vous remercier, ou tout le vôtre pour payer une calomnie, comte Fabiano!

— Je n'accepte pas votre sang, et je garderai le mien.

— La nuit approche. Comte Fabiano, prenez mon bras et rentrons.

Les deux jeunes gens rentrèrent en ville par le faubourg, et, sans ajouter un mot de plus, ils se dirigèrent, par de longs détours, sur la place de l'Annonciade. La nuit couvrait la ville.

Il y avait beaucoup de monde sur les terrasses et aux balcons du palais. Des groupes gracieux éclairés par les lumières intérieures se montraient et paraissaient aux balustrades de marbre. On entendait partout le chant italien des nobles dames de Durazzo et de Brignole, comme le chœur aérien des anges; on entendait les applaudissements des hommes heureux qui les écoutaient dans les salles splendides. L'éclat d'une fête rayonnait partout. La mer envoyait sa fraîcheur à la Strada-Balbi, et les nymphées pleines de fleurs et d'oranges embaumaient cette nuit d'amour.

Une seule maison ne montrait ni lumière, ni femmes au balcon de sa façade : les yeux du comte de Mersanes regardaient seuls cette maison; il semblait qu'elle se recueillait en elle-même pour savourer sa joie intérieure, loin d'un monde qui a besoin d'afficher son bonheur en public pour se croire heureux.

— Cette maison est bien silencieuse! dit Anatole.

— Ce silence trahit des secrets, dit Fabiano.

— La maison Braschi serait-elle déserte?

— Sur sa façade.

— Comte Fabiano, je suis prêt.

— Patience! l'heure sonnera.

En ce moment, un chœur lointain de musique et de voix descendait la *Strada-Nuovissima*, et à chaque mesure les sons plus distincts arrivaient aux oreilles. Il y avait un charme inouï dans cette mélodie nocturne dont les notes d'or semblaient rebondir sur les marbres du palais. On aurait dit que la rue sonore accompagnait le chœur comme un orchestre, et chantait avec lui, aux étoiles, les splendeurs du ciel italien, dans une nuit du milieu de l'été. Cette mélodie d'instruments et de voix respirait une langueur voluptueuse, inconnue dans l'étroite enceinte des théâtres; elle semblait descendre des étoiles, monter de la mer, jaillir des fontaines, s'exhaler des jardins : l'âme s'épanouissait de délices en l'écoutant; et les yeux croyaient voir toute l'amoureuse et ardente jeunesse du moyen-âge, ressuscitée un instant, descendre des villas Spinoletta et Pallavicini, avec ses musiciens et ses poëtes, et chantant la gloire des grands seigneurs et des grands artistes qui avaient épuisé l'or et le marbre pour élever un trône à la reine de la mer.

Tout le monde heureux des palais voisins se pencha sur les balcons pour voir passer ce fleuve d'harmonie qui coulait dans un lit de marbre. La maison Braschi garda seule son indifférence mystérieuse; mais un rayon pâle, qui se glissa timidement à travers une persienne, prouva que les appartements n'étaient pas déserts.

Dans la foule de la rue, personne ne remarqua cette lumière isolée, qui paraissait trembler sur la frange de soie, comme la main qui la portait.

— C'est une sérénade d'amour! dit le comte de Mersanes.

— Je sais qui la donne, dit Fabiano.

— Et je vois qui l'écoute, dit Anatole.

— On la donne à toute une ville pour une seule maison!

Le chœur passait en ce moment, et chantait les strophes suivantes, qu'on peut mal traduire ainsi :

CHANT DU TASSE A SORRENTE.

Fleurs qu'adore
La beauté;
Ciel que dore
La gaîté;
Loin des villes,
Frais asiles,
Flots tranquilles,
C'est l'été!

Lune pleine,
Mer qui luit,

Tiéde haleine
Qui la suit;
Sous la treille
Douce veille
Sans pareille,
C'est la nuit!

Feu qui dore
Tout séjour,
Et dévore
Chaque jour;
Deuil et fête
Dans la tête
Du poëte,
C'est l'amour!

Le chœur s'éloigna, descendit jusqu'au palais Mari, et remonta la rue de Marbre jusqu'au Carlo-Felice.

— Quelle nuit! quelle fête! quelle extase! disait de Mersanes ; l'amour est partout; l'air est plein de ses caresses ! Est-ce du poison ou du bonheur que je respire ici, moi? est-ce la vie ou la mort ?

— Suivez-moi, dit Fabiano en lui serrant la main.

Ils marchèrent silencieux dans San-Ciro, et ils ne s'arrêtèrent même pas sur le seuil de la maison Viani, car la porte était ouverte.

Fabiano prenait ou feignait de prendre les plus grandes précautions pour tromper la vigilance des domestiques ; mais il était venu le matin montrer l'ordre de Viani à son intendant, et cet ordre écrit lui ouvrait, comme on sait, la maison et le jardin, de sorte que l'on peut croire que l'absence des domestiques avait encore été combinée par lui. Fabiano et Anatole entrèrent donc dans le jardin avec autant de facilité que s'ils en eussent été les propriétaires : ils traversèrent les allées sombres et se blottirent dans un massif de jasmins à côté de la grille du jardin Braschi.

— Comte Fabiano, dit Anatole à voix basse, il me vient une idée étrange, et je suis obligé de vous la communiquer.

— Voyons! dit Fabiano.

— Je pense qu'il vous serait facile de m'assassiner cette nuit si vous le vouliez.

— Certainement, vous avez raison; la chose me serait facile; êtes-vous armé, vous, comte Anatole ?

— Non.

— Eh bien ! je suis armé, moi! comte de Mersanes ; vous voyez bien qu'il m'est facile de vous tuer.

Fabiano tira un poignard de sa ceinture et le lança dans un bassin.

— C'est à moi, maintenant, à vous faire des excuses, dit Anatole ; mais aussi, quel est l'homme à ma place qui ne donnerait pas audience à mille soupçons? J'aime mieux soupçonner toute chose que la conduite scandaleuse de cette femme !

— Silence! vos doutes vont finir.

Un horrible battement de cœur supprima la respiration du comte de Mersanes. Une porte s'ouvrit sur la terrasse de la maison Braschi, et la plus douce des voix résonna mélodieusement dans le silence du jardin et le calme de la nuit.

XIII.

LA VISION DU JARDIN.

La grille du jardin Braschi s'ouvrait sur une allée qui aboutissait au perron. L'allée était sombre; mais, à son extrémité, elle recevait une clarté vive des hautes croisées des salles basses de la maison.

C'est dans cet espace lumineux que la belle comtesse polonaise apparut; et celui qui ne l'aurait vue qu'une seule fois aurait pu la reconnaître du premier coup. Aussi, le comte de Mersanes n'eut besoin que d'un regard pour se dire à lui-même : C'est elle!

Au reste, quel œil d'amoureux ou d'indifférent s'y serait trompé ! cette noble démarche de jeune reine, cette grâce adorable qui accompagnait chaque mouvement, cette auréole de beauté suprême n'étaient qu'à elle : dans la nuit la plus sombre, on l'aurait reconnue sans peine aux ondulations de sa robe blanche; l'étoffe éblouissante trahissait le corps.

Auprès de la comtesse apparut aussi un jeune homme, plein d'élégance dans sa mise et son maintien; la joie la plus vive éclatait dans ses gestes, et sa pose semblait un acte permanent d'adoration.

Hortensia sortait de la maison, tenant à la main une lettre ouverte qu'elle couvrait de baisers, et qu'elle déposa dans un pli de son corsage, avec un tressaillement de bonheur trop significatif. Puis elle regarda sur la terrasse à droite et à gauche, comme si elle eût craint d'avoir commis une indiscrétion à la clarté des lumières intérieures, et prenant familièrement le bras du jeune homme, elle s'élança d'un pied leste, avec lui, de l'escalier du perron dans l'allée du jardin.

Le comte de Mersanes fit un mouvement de désolation et recula deux pas dans le massif, comme s'il eût dit à Fabiano : C'est bien! j'en ai assez vu ; si je reste, je meurs ici. Mais Fabiano le retint vigoureusement par le bras, et pantomime expressive signifiait, Bon courage ! il faut tout voir.

Onze heures sonnaient à l'hôtel des Pauvres.

La jeune femme parlait à voix basse, comme on fait la nuit dans les entretiens intimes, ses gestes annonçaient l'exaltation la plus vive, celle qui ne peut venir que du délire de la tête et du cœur. Le jeune homme l'écoutait avec des transports amoureux d'extase, et les paroles qu'il murmurait à son oreille étaient accueillies à leur tour par des démonstrations non équivoques de joie folle. Ils allaient et venaient ainsi du perron à la grille, et à chaque tour l'oreille d'Anatole s'inclinait sur la grille pour saisir au vol quelque lambeau de phrase, lorsque le groupe ambulant n'était plus séparé du groupe immobile que par une branche de jasmin. Quelquefois Anatole était sur le point d'arriver à quelque révélation échappée de la bouche du jeune inconnu; mais un souffle de l'air dans les arbres, un bruit de la rue, un craquement de feuille morte sous les pieds des promeneurs, une plainte de la fontaine, couvraient la voix et les mystères de l'entretien.

Enfin, au milieu de la nuit, une parole de l'inconnu s'échappa, claire, vibrante, passionnée, et l'oreille avide entendit ces mots foudroyants : *Je donnerais ma vie pour toi, mon ange adoré!*

Un élan de joie, parti du cœur de la jeune femme, répondit à cette ardente exclamation.

Le groupe remonta l'allée. Le comte de Mersanes sortit de sa retraite, et saisit convulsivement les barreaux de la grille, comme, dans la fresque d'Orcagna, le damné au soupirail de l'enfer; malgré le trouble de ses yeux et de son esprit, il lui fut aisé de comprendre, en suivant du regard la comtesse et l'inconnu, que l'entretien se poursuivait de part et d'autre sur le même ton.

— Assez! assez! dit-il, je consens à mourir, mais je ne veux pas mourir déshonoré dans un poste d'espion.

Et il entraîna Fabiano.

Il fit quelques pas en arrière, et, comme pour se donner un dernier coup de mort, il lança un dernier regard dans le jardin de Braschi. Le jeune homme et la comtesse, arrivés sur la terrasse, s'étaient arrêtés; ils paraissaient, les mains unies, se dire un adieu tendre, et retarder encore, par un échange de douces paroles, le cruel moment de la séparation.

— Venez! dit Anatole, et il sortit du jardin Viani sans s'inquiéter de savoir s'il était suivi par Fabiano.

Fabiano prit les devants, d'un pas leste, pour ouvrir les portes et montrer le chemin ; et les deux jeunes gens se trouvèrent bientôt hors de la maison.

Ils s'arrêtèrent dans San-Ciro. Anatole redemandait à l'air de la nuit la respiration qui lui manquait. Fabiano gardait un silence morne, comme un ami honteux d'avoir trop complétement raison, et qui demande grâce pour sa victoire dans la modeste attitude d'un vaincu.

— Comte Fabiano, dit Anatole en lui serrant la main, je vous remercie... Voyez ! je suis calme... j'ai résisté... Ces choses-là guérissent l'homme le plus épris... Il n'y a de terrible que le premier moment...

— Comte de Mersanes, dit Fabiano d'une voix douce comme l'amitié, vous m'avez forcé à vous ouvrir les yeux... je vous ai obéi.

— Comment ! je vous rends mille grâces!.. ma vie est à vous! j'étais un enfant... un étourdi... Oh! les femmes ! les femmes !.. Quelle leçon !.. Celle-là était un ange !.. Fiez-vous aux anges!.. Elle avait un horrible chagrin qui la dévorait! qui donnait l'insomnie à toutes ses nuits!.. Atroce fourberie!.. Comme elle mentait, l'infâme !.. avec ses histoires d'enfant perdu!.. Quelle tranquillité j'éprouve, comte Fabiano !.. L'extrême malheur porte son remède avec lui... On l'a dit : c'est vrai... je le sens... Quel est cet homme qui a fasciné cette femme?.. Il me semble que je l'ai entrevu quelque part... On voit mal sous les arbres, la nuit..... Cet homme se croit heureux!.. Fou!.. Il sera trompé comme un autre... Le monde avait raison... Le monde a des yeux infaillibles!.. Il ne calomniait pas cette femme !.. Est-ce qu'on peut calomnier les femmes?.. Prenez-en une au hasard, accusez-la au hasard, vous ne la calomnierez pas!.. *Je donnerais ma vie pour toi, mon ange adoré!..* C'est bien cela qu'il a dit... N'est-ce pas?.. Il y a un crime là-dessous...

Venez, Fabiano... tournons l'angle de cette rue... je veux voir s'il sort, l'autre... Cela m'est bien égal d'ailleurs ! il peut sortir, il peut rester... qu'importe!.. Vous voyez, comte Fabiano, que je prends la chose fort bien?.. avec beaucoup de calme et de sang-froid?

— Beaucoup de calme, dit Fabiano avec un naturel exquis; beaucoup de sang-froid... Au reste, cela ne m'étonne pas, comte de Mersanes, vous avez un caractère fortement trempé.

— Je veux assister à sa sortie... s'il sort !.. Allons dans la rue voisine...

— Allons... mais ne nous montrons pas ; ne gâtons rien... De la prudence ! comte Anatole... vous marchez d'un pas qui peut vous trahir... *pianissimo!*

Ils tournèrent l'angle et se cachèrent dans une étroite ruelle qui monte de la rue Balbi, presque perpendiculairement à l'amphithéâtre des jardins suspendus. Ils virent ouvrir la porte de la maison Braschi.

Le jeune inconnu sortit, et après avoir fermé la porte avec une précaution mystérieuse, il leva les yeux vers le balcon du premier étage. Le bras d'une femme souleva la persienne, et la comtesse Hortensia parut presque toute en dehors, faisant avec ses mains des signes multipliés auxquels répondaient d'autres signes. Le jeune homme envoya des caresses au balcon, et descendit la rue de ce pas triomphant qui annonce le bonheur consommé. Au coin d'une rue, il s'arrêta sous une lampe de madone, déploya une lettre, la lut, et la couvrit de baisers. Anatole ne perdit rien de tous ces divers incidents.

Fabiano, qui jusqu'à ce moment avait gardé le plus grand calme, et joué son rôle de spectateur compatissant avec un art admirable, jugea, dans ses infernales combinaisons, que le moment était venu d'éclater, pour donner une rage longtemps contenue devant le désespoir d'un ami. Sa figure de comédien, habituée à tous les masques, parut se contracter sous une pensée de vengeance, et serrant vivement la main d'Anatole :

— Comte de Mersanes, dit-il, en appuyant sur tous les mots, comme s'il les eût déchirés au passage avec ses dents; comte de Mersanes, nous ne devons pas consentir stupidement à servir de jouets à cette femme, vous et moi! Il faut nous venger !

— Comment?

— Oh! je me charge d'organiser la vengeance. Je donne une fête dans le palais Grimaldi, chez ma tante, et là, devant toute l'aristocratie de Gênes, je publie hautement l'histoire secrète de la comtesse Hortensia.

Fabiano, en proposant cette vengeance odieuse, savait fort bien que M. de Mersanes ne l'accepterait pas.

— Comte Fabiano, dit-il, vous avez trop de délicatesse et d'honneur pour vous venger d'une telle façon. Vous flétririez cette femme, en vous flétrissant.

— Et que faut-il faire, comte de Mersanes? demanda Fabiano en élargissant la base de ses pieds, et en croisant les bras sur sa poitrine.

— Il faut se taire... D'ailleurs, est-ce vous qui avez été trompé? Cette femme par ses discours et ses paroles vous a-t-elle promis de l'amour?.. je sais que non, moi. Je sais au contraire qu'elle se fit, un jour, un titre à mes yeux de repousser vos avances, pour mieux me cacher l'intrigue secrète qui vient de se révéler à moi cette nuit. Cette femme n'a trompé que moi seul, et je ne vous reconnais pas le droit de venger mon injure sans mon consentement.

Fabiano baissa la tête en signe de résignation.

— Adieu, comte Val di Nota, poursuivit Anatole sur le ton de l'amitié, adieu ; il est temps de nous séparer. Cette nuit nous a donné tout ce que nous lui avons demandé ; je suis content... Au revoir, à notre réveil... si nous dormons!

Fabiano prit la pose d'un homme anéanti par le désespoir ; sa tête et ses bras flottaient au hasard.

— Mon cher comte, dit-il en feignant de prendre haleine après chaque phrase, mon cher comte, j'ai lutté quelque temps avec un certain courage, comme vous ; mais cette lutte a brisé mes forces... Oui, cette femme m'a repoussé de toute son âme... Je lui ai tout offert, elle a tout refusé... Mais je l'ai aimée!.. comme elle doit être aimée quand on ne la connaît pas!... Deux choses me sont odieuses à présent, cette ville et cette femme... Il faut que je m'en sépare violemment aujourd'hui même... Que ne puis-je voir lever le soleil dans les pays situés au-delà de cette mer!.. Adieu, comte Anatole... je vais me réfugier à Villa-Bianca, et demain je n'y serai plus. Le premier vaisseau m'emportera sous d'autres cieux... Adieu, comte Anatole, croyez que mon cœur se brise en vous quittant.

L'accent admirablement trompeur qui accompagna ces paroles émut le comte de Mersanes ; le jeune Français tendit cordialement la main au démon sicilien ; et si quelque témoin eût passé devant cette scène d'adieux il aurait cru assister à la désolante séparation de deux intimes et vieux amis.

Le comte de Mersanes rentra chez lui, et quand il fut seul, n'ayant plus à rougir de sa faiblesse devant un autre, il se livra sans retenue au plus atroce désespoir. Il adopta et rejeta mille projets de vengeance. Il résolut même, pour la seconde fois de sa vie, de porter contre lui-même des mains violentes ; mais il se souvint du serment solennel qu'il avait formulé en ces termes : *Ma vie est à cette femme comme ma mort est à Dieu!* et quoique ce serment eût été déposé dans des mains coupables, il ne crut pas devoir s'en délier. Avant de quitter Gênes pour toujours, il caressa un instant l'idée de voir encore une fois cette femme, pour se donner la joie de l'écraser sous sa honte ; mais il avait engagé sa parole de ne rentrer à la maison Braschi qu'après un certain délai.

Le pauvre naufragé chercha de toutes parts une planche de salut ; enfin il s'arrêta, de projets en projets, à celui-ci ; il écrivit ce billet à la comtesse :

« Madame,

Le comte de Mersanes ne peut se présenter chez vous ; il est encore, aux yeux de la loi, sur un sol étranger, à bord du *Cambrian*. Il vous écrit donc ces deux lignes pour obtenir de vous une courte réponse. Il a de cruelles raisons de penser que cette réponse n'arrivera pas.

« Je serai au théâtre du Carlo-Felice demain soir. On joue *Othello* ; on chante encore le duo d'*Armida*. Pourrai-je me présenter dans votre loge, madame? Y serai-je reçu sous l'invocation d'*amor possente nome?* Il y a beaucoup de choses en trois mots adressées à la femme, me disiez-vous un jour ; il y en a beaucoup plus en trois lettres adressées à l'homme. J'attends votre *oui* : ma vie est dans ces trois lettres.

« ANATOLE.

« *P. S.* Il m'est défendu de vous envoyer un messager ; je vous écris donc par la poste, et j'attends votre *oui* par la même voie. »

Dans les douloureuses crises d'un désespoir d'amour, la moindre résolution prise donne à l'esprit une sorte de calme. C'est une trêve que la souffrance veut se donner à elle-même, une goutte d'eau sur la langue du damné.

— Je sais bien, se disait Anatole à lui-même, dans un monologue mental, je sais bien que tout est fini entre cette femme et moi, et que l'abîme des enfers nous sépare à jamais. Cependant je veux voir jusqu'où peut aller l'abominable effronterie d'une femme. Je veux voir de quel front elle soutiendra mon regard plus accusateur que ma parole! Oui, je sens qu'un dernier mot d'amour accueilli par elle avec un doux sourire me donnera cette salutaire crise d'indignation qui sauve du désespoir et guérit.

A la pointe du jour, la lettre fut envoyée. Anatole se résigna patiemment à une fiévreuse attente. Il ne sortit plus ; il compta les minutes ; il suivit le soleil, comme on suit un aérostat dans une fête publique ; il tressaillit à tous les bruits de l'escalier ; il vit dans chaque passant de la rue un messager de la poste ; il dévora deux siècles, il ne reçut pas le *oui* attendu.

A l'heure du spectacle, il courut au Carlo-Felice. Le théâtre se peupla. Toutes les loges s'ouvrirent, toutes, excepté la loge de la maison Braschi. On chanta le duo d'*Armida*, et Anatole ne vit que les ténèbres de la tombe, à cette place autrefois rayonnante de ce divin regard qui mentait à l'avenir!

Le délire éclata dans la tête d'Anatole comme une fusée de sang. Il oublia tout, hormis la femme qu'il voulait oublier. Il se précipita par-dessus l'escalier dans le péristyle ; il traversa au vol les rues de marbre, il ne s'arrêta que sur le seuil de la maison Braschi, et fit résonner sur la porte son marteau d'airain.

La porte s'ouvrit, et un vieux concierge stupide parut.

Anatole agita longtemps ses lèvres avant de pouvoir en arracher une parole.

Le vieux concierge attendait tête basse.

— Madame la comtesse? dit le jeune homme.

Le concierge leva la tête et répéta lentement l'interrogation d'Anatole ; puis il ajouta :

— Madame est partie.

Les yeux d'Anatole se voilèrent des ombres de la mort.

Le concierge s'assit sur la première marche de l'escalier et attendit une seconde demande qui n'arrivait pas. Enfin, de Mersanes dit d'une voix d'agonisant :

— Partie aujourd'hui?

— Non, hier, dit le concierge.

— Seule?

Le concierge baissa la tête, étendit les bras et ne répondit pas.

— Pour un voyage?
— Oui.
— En France?.. en Italie?.. en Allemagne?

Le concierge baissa la tête à chaque nom de pays et garda un silence obstiné.

De Mersannes fit quelques pas dans le vestibule et sortit en s'écriant, la main dans les cheveux :

— Elle est donc partie avec lui!

Et il regagna précipitamment sa maison, escorté par trois furies qui devaient lui épargner un suicide : la fièvre, le délire, le désespoir.

XIV.

CESARE.

Avant le départ de la comtesse Hortensia, Fabiano avait fait jouer une scène d'un autre genre dans la maison isolée de l'Aqua-Sola.

Le domestique Cesare, digne serviteur de son maître, avait fort bien joué son rôle d'attendrissement devant le marquis Viani, et celui-ci, qui se croyait menacé de la mort à tous les instants, remarqua sur le visage de Cesare une compassion muette qui fit naître chez lui un rayon d'espoir.

Viani, enfermé dans une salle basse, comme le condamné qui attend le bourreau, n'avait pas encore, faute de courage et de force, adressé une question au domestique chargé de le servir à ses derniers moments; enfin croyant toucher à l'heure suprême, il hasarda cette question :

— La pauvre marquise d'Isola-Bella est-elle ensevelie?

— Oui, répondit Cesare, en feignant d'étouffer des sanglots.

— Pauvre femme!
— Oui, oh! oui! pauvre femme!
— A-t-elle bien souffert avant de mourir?
— Heureusement non; sa tête a frappé contre l'escalier; elle a poussé un cri... elle était morte!
— Jésu! Maria! dit Viani en baissant la tête sur ses mains jointes.

Cesare essuyait ses yeux avec ses mains, comme s'il y avait eu des larmes.

— Vous êtes un bon jeune homme, vous! dit Viani avec cette voix douce que les hommes fiers prennent vis-à-vis d'un inférieur dont ils dépendent.

— Vous êtes bien honnête, monsieur, répondit le domestique.

— Ce n'est pas vous qui aurez le courage de m'égorger, quand l'ordre fatal viendra!

— Oh! certes, non! plutôt m'égorger moi-même!

— Mais un autre, un autre, Cesare, aura ce courage?..

— C'est Poggioli qui est chargé de cette besogne ordinairement.

— Ordinairement! ah! mon Dieu! que dites-vous, Cesare?.. cette maison est donc un repaire d'assassins?

Cesare baissa la tête et garda un silence effrayant. Viani fit cette réflexion mentale : Voilà donc comme la police est faite à Gênes! comme les scélérats se jouent de notre vigilance et de notre autorité!

— Cesare, mon ami, dit Viani en posture de suppliant; Cesare, mon enfant, je pourrais faire ta fortune, si tu me sauvais.

Cesare recula deux pas, comme effrayé de cette proposition. Viani répéta sa phrase en pantomime.

— Si je vous sauvais, dit Cesare, je ne voudrais d'autre récompense que ma bonne action.

Un rayon d'espoir illumina la figure blême du marquis.

— Noble Cesare, dit-il, le Ciel t'envoie une bonne inspiration; il faut la suivre.

— Je vous avoue, dit Cesare avec un attendrissement fort bien joué, je vous avoue que je suis las des horreurs de cette maison. Je n'étais pas né pour mener cette vie abominable...

— Bien, mon ami! très-bien! Ton naturel est bon. Reprends la vie honnête que tu n'aurais jamais dû quitter. De quel pays es-tu?

— De Ponte-Centino.

— Serais-tu bien aise de revoir ton pays?

— Ah! dit le rusé domestique en joignant ses mains et roulant ses yeux comme dans un souvenir de bonheur; mon beau pays! Il y a une petite maison au bas de la colline avec une jolie rivière qu'on nomme la Paglia! Je donnerais la Strada-Balbi pour cette rivière et cette maison!

Viani prit affectueusement les mains du domestique, et d'un ton patelin :

— Veux-tu que je te conduise, dit-il, à ton pays, avec de l'or dans tes poches, comme un Anglais?

Cesare se fit la contenance d'un homme qui n'ose prendre un parti.

— J'achèterai pour toi cette maison que tu aimes tant, poursuivit le marquis en posant ses mains sur les épaules de Cesare.

— Mais si le marquis d'Isola-Bella nous découvre, il nous tue tous deux.

— Nous le tromperons. Sois tranquille, je suis plus fin que lui.

— Oh! je vois bien que vous êtes fin; vous avez le nez des gens fins... Mais je suis obligé de vous dire que si vous remettez le pied à Gênes, vous êtes perdu. Vous êtes accusé de meurtre. On a trouvé un poignard marqué à votre chiffre dans le bassin de votre jardin. Le gouverneur a dit que vous aviez fait exiler un jeune Français tout exprès pour entraîner sa maîtresse dans un piège horrible, et que vous avez pris la fuite après avoir fait un mauvais coup.

— Eh bien! Cesare, tout cela est faux, ou à peu près, mais les apparences sont contre moi. Le marquis d'Isola-Bella peut me perdre, je le sais; je lui ai fourni des armes. Malgré tout, je puis me sauver. Donne-moi de l'encre, une plume et du papier : j'écris deux mots à mon intendant. Il te donnera ma voiture et quatre chevaux; il te donnera deux passeports en blanc. Tous mes fonds sont placés sur une banque étrangère. J'ai sur moi plus d'argent qu'il ne m'en faut pour te mener à ton pays, et comme arrhes

Je sais que vous êtes un lâche ; passez !

du marché, je te fais cadeau de ma voiture et de l'attelage. Cela te va-t-il ?

— Une bonne action et une fortune ! ma foi, je risque le coup !.. Justement le marquis d'Isola-Bella est absent... et je suis à peu près maître de la maison... Je vais vous apporter ce que vous demandez. Au diable la peur ! qui ne risque rien, n'a rien !

Comme on le pense bien, tout réussit au gré des vœux du marquis Viani. La position était originale. Viani demandait à genoux ce qu'on brûlait de lui accorder...

A la nuit close, Cesare arriva de la ville avec la voiture, les chevaux et les passeports. Il feignit de prendre les plus munitieuses précautions pour échapper à la surveillance d'une maison déserte ; il donna sa livrée à Viani et prit son habit noir ; il hésita même au dernier instant, sur le seuil de la porte, et parut reculer devant une trahison domestique ; mais Viani se jeta à ses pieds et les arrosa de tant de larmes, que Cesare, vaincu, leva les mains au ciel, et dit :

— Allons !

Ils montèrent tous deux dans la voiture, et le postillon reçut ordre de prendre la route de Toscane. Viani embrassa Cesare.

— Voyez, dit le domestique, comme il est aisé de tromper la police ! Il faut convenir que les gouvernements emploient souvent de grands imbéciles pour veiller à la sûreté des États, qu'en dites-vous, marquis Viani ?

La réponse fut un soupir.

Viani, pour en parler une dernière fois, courut en poste jusqu'à Naples ; de Naples il gagna Cadix, et il ne se crut en sûreté qu'à Londres : c'était là d'ailleurs que ses fonds avaient des placements sur divers comptoirs.

Un incident troubla, bien longtemps après la tranquillité dont il jouissait en Angleterre. Au Théâtre-Français de Londres, on jouait le *Misanthrope;* la salle était déserte, et si bien déserte qu'il y avait même, aux troisièmes loges, un homme pour prévenir quelque crime, dans le cas où l'ombre d'un spectateur s'y serait glissée imprudemment, sans méfiance.

Au coin du balcon le plus rapproché de l'avant-scène, Viani s'était placé pour se faire protéger au moins par les acteurs, en cas de danger, car son isolement le terrifiait! Cependant la comédie allait sérieusement son train, comme si la foule eût rempli le théâtre. Le directeur, M. Bone, disait :

— Mes amis, nous faisons ce soir une bonne répétition !

Au Théâtre-Français de Londres, ces cas de désert ne sont pas rares.

Le marquis Viani éprouva un certain sentiment de fierté en voyant que les acteurs l'élevaient à la dignité de public, et il crut devoir demeurer à sa place pour reconnaître la politesse. A l'entrée de Célimène, il tressaillit de peur ou de joie, car il crut reconnaître l'actrice chargée de ce personnage.

— Ma foi! se dit-il à lui-même, si la marquise d'Isola-Bella n'était pas morte, j'appellerais bien cette actrice de ce nom-là.

Célimène regarda le public et le reconnut ;

— Tiens! dit-elle entre deux vers, c'est ce pauvre Viani!

Et l'actrice, laissant un instant son rôle de côté, s'avança vers la rampe et demanda cavalièrement au marquis des nouvelles de sa santé.

— Comment! s'écria le marquis, c'est vous, madame! vous n'êtes donc pas morte!

— Bah! dit l'actrice, vous croyez qu'on meurt comme cela! Je vous ai rendu, j'espère, un fameux service en ne mourant pas.

— Vous m'étonnez horriblement, madame !

— Excusez-moi, cher marquis, il faut que je continue la pièce; venez me voir; je suis logée *Agar-Street,* 2, en garni. Nous causerons un peu de ma mort et de mon enterrement dans votre jardin.

— D'honneur! je n'y comprends rien, madame! Et le marquis d'Isola-Bella, où est-il?

— M. Bone, notre directeur, l'a pris pour valet de chambre... Venez me voir, chez moi, 2, *Agar-Street.*

Viani ouvrait des yeux démesurés, mettait son visage dans ses mains, et le relevait pour s'assurer si le désert du théâtre n'avait pas son mirage comme celui de Syrie. Au troisième acte, le roi des gentlemen de Londres, et le seul habitué de *French-Theatre,* vint se placer à côté de Viani, et la salle se trouva presque peuplée.

— Pardon, monsieur, dit Viani à son voisin, quel est le nom de cette actrice?

— Mademoiselle Tadolin, répondit M. Dorsay.

Viani finit par découvrir tout ce mystère; il partit bientôt pour Gênes, avec l'idée de se venger. Il était trop tard.

Cette digression finie, nous reprenons le fil des événements.

Le lendemain du jour qui vit s'échapper le marquis Viani de l'Aqua-Sola, le comte de Mersanes reçut une lettre qui l'invitait à se rendre à la chancellerie.

Le jeune Français, devenu désormais fort indifférent à toutes les choses de ce monde, et s'apprêtant à quitter une ville odieuse pour s'étourdir dans les agitations d'un long voyage, hésita quelque temps avant de se rendre chez le consul d'Angleterre, avec lequel il n'avait plus rien à démêler.

Lorsque le cœur est dévoré par une douleur suprême, on éprouve un insurmontable dégoût à ce qu'on appelle les affaires; on sourit avec amertume à tous ceux qui ne vous entretiennent pas de votre mal.

Cependant Anatole se rendit à la chancellerie, où l'agent lui montra une lettre en lui demandant si c'était bien à lui qu'elle était adressée.

Anatole fit un signe de tête affirmatif, car il crut reconnaître l'écriture, et l'émotion lui coupa la voix.

— Cette lettre, lui dit l'agent, est écrite depuis plusieurs jours; elle a passé déjà par beaucoup de mains, à travers bien des formalités. Elle vous a été adressée, comme vous voyez, à bord du *Cambrian.* Le commandant Hamilton a fait ici une station plus longue qu'il ne le croyait; mais enfin il a levé l'ancre, et quand cette lettre est arrivée, il était parti pour les îles Ioniennes. J'ai envoyé consulter les registres de toutes les hôtelleries de la ville, et ce n'est qu'hier que j'ai découvert votre logement. Voilà ce qui explique le retard.

Anatole murmura quelques paroles de remerciment, et sortit pour lire cette lettre, qui lui semblait venir d'une main bien pure autrefois.

Il la décacheta en tremblant, et lut ceci :

« Gênes, juillet 1833.

« Comte de Mersanes,

« Vous vous feriez de moi une étrange idée si je quittais cette ville sans prendre congé de vous, au moins par quelques lignes d'adieu. Il faut que je parte sur-le-champ : c'est le plus impérieux des devoirs qui m'y oblige. Il m'est impossible de vous dire où je vais.

« Croyez bien que j'ai toujours pour vous les mêmes sentiments de haute estime. Vous qui connaissez la vie, ne vous étonnez pas des choses mystérieuses que le hasard nous jette, et attendez avec calme ce qui est écrit dans le livre de Dieu.

« Avec calme! entendez-vous? Le désespoir est la ressource des âmes pusillanimes. Songez à la Madone de Santa-Maria-Novella; elle vous a consolé dans vos jours de tristesse mortelle; eh bien! elle vous consolera encore; il y a des vertus mystérieuses attachées à ces images que la religion et l'art ont fait deux fois saintes.

« COMTESSE H. »

Cette lettre bouleversa de nouveau toutes les idées d'Anatole. Il la lut et la relut cent fois; il en commenta chaque mot pour en saisir l'esprit; car il lui parut évident qu'un sens mystérieux était enveloppé dans ces phrases; il fallait donc le découvrir.

La comtesse ne pouvait révéler, disait-elle, le lieu de sa retraite; mais cette affectation à rappeler la Madone de Cimabuë, et à finir brusquement une lettre en glorifiant la vénérable image de Santa-Maria-Novella, fut pour lui un trait de lumière.

— C'est à Florence qu'il faut aller ! dit-il...

Et poursuivant en lui-même son dialogue mental :

— Oui, oui, j'irai à Florence, je la reverrai... mais qui chassera de mon souvenir l'horrible vision du jardin ?.. Comment pourra-t-elle se faire chaste à mes yeux cette femme à jamais déshonorée pour moi ? N'importe ! j'irai ! L'attrait de cette femme est si puissant qu'il anéantit toute considération !.. A Florence !

XV.

AU VAL D'ARNO.

Lorsqu'on se précipite au vol de la voile ou du cheval vers une ville où l'on va chercher un ami dont la demeure est inconnue, il semble que la première personne qui se présente sur le premier pavé sera cet ami : lui seul peuple la ville. On arrive, et tout ce qui vous entoure donne tort à votre imagination.

Les maisons, les rues, les places, les promenades ne vous montrent que des visages inconnus qui daignent à peine vous regarder ; des hommes qui n'ont pas eu besoin de vous pour vivre avant votre arrivée, et qui continueront leur vie, avec la même facilité, sans vous demander votre nom. Vous êtes moins isolé en plein désert de Syrie qu'au milieu de cette foule. Une sorte de découragement s'empare de votre esprit. Vous désespérez même de rencontrer cet atome perdu qui peuplait la ville au dernier relais.

Le comte de Mersanes, en passant sous la herse qui porte l'écusson d'or et les *tourteaux de gueules* des Médicis, cherchait déjà la belle comtesse dans le corridor du faubourg.

A peine descendu de voiture, il courait d'hôtellerie en hôtellerie, consultant les registres des voyageurs, tous pleins de noms inconnus et vierges du nom désiré. Il y avait pourtant dans l'air de la ville quelque chose qui annonçait la présence de cette femme. L'affection vive est douée d'un instinct subtil qui s'inspire de l'émanation des atomes pour deviner ce qu'elle cherche. On n'explique pas cela, on le sent, quand on est organisé pour le sentir. De Mersanes parcourut au pas de course les beaux quartiers Via-Larga, Notre-Dame-des-Fleurs, le quai de la rive droite de l'Arno, la place du Palais-Vieux, demandant à tous les balcons, à toutes les vitres de lui montrer le visage adoré, quoique odieux. Les balcons ne répondaient qu'avec des exhibitions de groupes ennuyés ; les vitres n'encadraient que des têtes florentines, paresseusement inclinées sur la rue pour ramasser quelque distraction.

A l'heure des offices du soir, quand la fraîcheur invite le beau monde à la promenade des églises, et lorsque l'heure de la dévotion a sonné, de Mersanes entra dans Santa-Maria-Novella, et longeant la nef de droite jusqu'à la chapelle des Rucellai, voisine de l'abside, il s'agenouilla devant les naïves images que Fiesoles aligna sur les murs, avec toute la candeur angélique de son pinceau.

Il donna un regard furtif dans la chapelle de Cimabuë, voilée à demi par le crépuscule charmant que le soleil d'été envoie aux églises, à six heures du soir.

Une femme priait devant la sainte et antique Madone du créateur de la peinture. Anatole aurait deviné le nom de cette femme sous le déguisement le plus trompeur : il resta immobile sur l'escalier de la chapelle, et des larmes de joie ou de tristesse tombèrent de ses yeux. Un souvenir de la vision du jardin vint se mêler aux impressions de ce moment, et Anatole se demanda, sans réponse, comment une coquetterie criminelle pouvait s'allier à tant de piété ! Il aurait voulu pouvoir douter, mais l'œil de la passion ne se trompait pas ; c'était bien la comtesse évaporée du jardin Braschi.

De Mersanes s'arma d'un courage surhumain, et résolut d'attendre la comtesse sur la place de l'église, et de l'aborder hardiment si la circonstance le permettait.

Cela conclu, il sortit et attendit la fin de la prière.

Une voiture stationnait devant un des obélisques de la place ; une très-modeste voiture de louage, sans domestique, et gardée par un pauvre cocher endormi. Anatole jeta un coup d'œil par le store, dans l'intérieur, et vit sur le siége du fond un éventail et une fleur de magnolia.

La chose la plus simple fait tressaillir quand une idée de passion et un souvenir d'amour s'y attachent. La découverte d'une fleur a souvent donné plus de joie à un inconnu, que la découverte de l'Amérique n'en a donné à Colomb.

Mais cette indestructible vision du jardin était malheureusement toujours là, fixée au cerveau du jeune homme, et tous les magnolias du monde se seraient fanés sous l'obsession permanente de ce souvenir.

Enfin, sur le parvis tout inondé de lumière, entre les rayons du soleil couchant et l'ombre religieuse de l'église, parut une jeune femme qui ressemblait à la statue du Jour, que le souffle de Michel-Ange aurait envoyée vivante de la chapelle du *Pensiero*, à cette Santa-Maria-Novella, que le grand sculpteur nommait *son épouse, mia sposa!*

C'était bien elle ! Le soleil sembla s'arrêter pour la couronner de rayons, et de Mersanes fit quelques pas dans la place déserte pour s'exposer au premier regard de la comtesse, et juger de l'effet qu'il produirait sur elle à cette soudaine apparition.

La jeune femme fit un mouvement de surprise instantané comme la réflexion qui le réprima ; un calme sourire et un geste amical saluèrent le comte, et elle fit quelques pas vers lui avec une aisance hardie qui n'annonçait aucune émotion. Une légère teinte d'incarnat courut sur son visage ; mais elle était sans doute l'indice de l'ardente ferveur de la prière. D'ailleurs, de Mersanes n'avait pas assez de sang-froid pour remarquer le calme ou le trouble de la comtesse ; il fit aussi, de son côté, quelques pas, et s'inclina respectueusement devant elle, ayant soin de prolonger tous les petits détails qui accompagnent un salut solennel, ainsi qu'on fait quand on cherche, sans le trouver, le début d'une conversation.

Ce fut la jeune dame qui, voyant l'embarras d'Anatole, prit la parole la première :

— Vous devinez à merveille les énigmes, monsieur le comte ; je suis ravie de votre sagacité.

Ce ton familier rendit au jeune homme assez de présence d'esprit pour dire d'abord des phrases qui ressemblaient à des réponses, comme celle-ci :

— Je suis enchanté, madame, de recevoir un compliment de vous à votre première rencontre à Florence.

— Votre exactitude mérite aussi les plus grands éloges, monsieur le comte, vous répondez à l'appel de vos amis avec la promptitude d'un écho.

— Je vous prie de m'épargner, madame, votre bonté me confond.

— Veuillez bien me donner le bras jusqu'à la voiture... Excusez-moi, monsieur le comte, si je vous montre un équipage si indigent ; il a bien fallu se réduire, tous mes biens ont été confisqués... Heureusement, ajouta-t-elle en riant, que dans ces biens on n'a pas compris l'amitié des nobles cœurs... Où êtes-vous descendu à Florence, monsieur le comte?

— Ici, madame.

— Comment ici ! vous prenez Santa-Maria-Novella pour une hôtellerie ?

— Je ne me suis pas encore mis en souci d'un logement, madame, j'avais en arrivant quelque chose de mieux à faire.

— J'espère que nous nous reverrons, dit la comtesse en montant sur le marche-pied de la voiture.

— Je n'espère que cela, madame..... Vous n'êtes pas descendue probablement dans un hôtel ? Où me sera-t-il permis de vous rendre mes visites respectueuses?

— Ah! ceci est encore un mystère... nous verrons plus tard... En ce moment, je ne puis recevoir personne...

La vision du jardin éclata dans le cerveau d'Anatole ; le fiel de l'écume de la mer mouilla sa langue et ses lèvres ; une sueur froide courut sur son épiderme ; la vapeur du sang voila ses yeux et brûla son front.

La comtesse, assise déjà dans la voiture, faisait un geste d'adieu. De Mersanes, la main droite sur la portière ouverte, se pencha dans l'intérieur, et d'une voix terrible, quoique contenue :

— Vous ne pouvez recevoir personne, dites-vous ? Personne ? Excepté l'homme qui vous a dit dans le jardin Braschi, *Je donnerais ma vie pour toi, mon ange adoré !*

Il y eut comme une éclipse de soleil sur la figure de la comtesse Hortensia. Son sein se souleva, ses bras se raidirent, et le cri sourd qu'elle poussa fut comme le cri d'une mère endormie qui voit, dans son rêve, son enfant broyé sur le pavé.

Le cocher s'avança vers la portière pour demander les ordres de la comtesse ; une main le repoussa vivement, et lui fit signe de se retirer bien à l'écart.

La même main fit un autre signe au comte Anatole, un signe impérieux, un signe irrésistible, un signe de reine à un esclave ; c'était un ordre muet de monter dans la voiture et de s'asseoir sur le siége opposé.

De Mersanes obéit.

Toutes ces choses si longues à raconter furent dites et faites au même instant.

Le cocher ferma la portière et la voiture partit assez lentement.

De Mersanes, les bras croisés sur la poitrine, les yeux fixes comme ceux d'un somnambule, les lèvres agitées par la tempête intérieure, attendait la parole de la comtesse comme on attend une balle dans un duel.

— Vous avez prononcé une phrase, monsieur, dit la jeune femme, une phrase que je vous prierai de répéter.

Sa voix tremblait comme la corde agitée sur l'instrument.

Anatole, d'un ton calme, répéta la phrase et n'ajouta rien de plus.

— Et où l'avez-vous entendue, cette phrase, monsieur ; qui vous l'a répétée ? Comment la connaissez-vous ? Je veux le savoir, dussé-je rester ici jusqu'à la nuit.

Anatole garda le silence.

— Vous ne me répondez pas, monsieur !.. Vous osez outrager une noble dame par votre silence.

De Mersanes secoua mélancoliquement la tête, et d'une voix pleine de larmes :

— Ah ! madame ! dit-il, votre émotion m'a rendu le calme. La colère a parlé par ma bouche... Et en voyant le mal que je vous ai fait, je voudrais racheter ce que j'ai dit par ma mort.

— C'est votre ton, monsieur, qui a été plus outrageant que votre discours. Vous avez eu l'intention de m'insulter ; cette intention a éclaté dans votre organe, vos gestes, vos yeux. Qu'ai-je fait, monsieur, pour mériter une insulte ? Vous n'êtes ni mon mari, ni mon frère ; je vous croyais mon ami ; je vous estimais ; j'aurais pu vous aimer un jour, peut-être ; car toute chose possible est dans l'avenir ; eh bien ! tout lien d'estime et d'affection est brisé entre nous. Maintenant, continuez à vous taire, vous êtes connu.

— Madame, dit Anatole d'une voix inouïe, je ne vous ai donné, moi, ni amitié, ni affection, ce sont des sentiments trop vulgaires ; je vous ai donné un amour sans pareil ; et quoique tous les hommes s'imaginent par amour-propre, que la passion de leur cœur n'a pas son égale au monde, je sens, moi, avec toute la puissance d'une foi souveraine, que j'ai raison contre tous. J'ai emporté cet amour à travers l'Italie ; partout, madame, où il y a une fleur, un arbre, une colline, une goutte d'eau, un rayon de soleil, j'ai laissé une pensée de cet amour ; et si toutes ces œuvres de la création répétaient en chœur mes confidences, l'hymne qu'elles chanteraient en votre honneur serait peut-être digne de vous. Eh bien ! j'ai cru devoir éteindre en moi cette passion. Pour arriver à ce but, j'ai réuni toutes les forces de mon âme ; elles se sont épuisées à cet inutile labeur ! Mon amour, ce poison qui tue ou qui fait vivre, est dans chaque goutte de mes veines. Pour l'anéantir, il faut renouveler mon sang. Voyez, maintenant, si la pensée d'un outrage peut venir de moi contre vous ?

— Qu'avez-vous fait alors, monsieur, si vous ne m'avez pas outragée ?

— J'ai été subjugué à mon insu, par l'impression

irritante d'un horrible souvenir. J'ai eu tort, car je n'ai aucun droit sur vous. La comtesse Hortensia n'est pas ma femme, n'est pas ma maîtresse. Elle est libre de ses actions, je le reconnais.

— Vous m'étonnez singulièrement, monsieur, et vous vous justifiez par de nouveaux outrages, cette fois, du moins, dirigés avec le plus grand sang-froid, et déguisés avec art. Voyons; je veux bien entrer en explication avec vous. Ma dignité me commanderait autre chose, je le sens; mais on fait quelquefois l'inverse de son devoir. Point de détours, monsieur; parlez comme si vous étiez seul, mettez votre pensée brumeuse au grand soleil... oh! faites-moi grâce de ces regards et de ces soupirs plus irritants que toutes les accusations. Parlez.

— C'est un ordre, madame?
— Oui.
— J'obéis... Avant tout, madame, je vous demande pardon à genoux d'une faute... j'ai vu ce que je n'aurais pas dû voir; j'ai écouté ce que je n'aurais pas dû entendre...

— Point de préambules! parlez! parlez! au nom de Dieu!

— Vous vous rappelez, madame, le soir de la sérénade de la Strada-Balbi?

— Oui, dit la comtesse en pâlissant.

— Ce soir fut suivi d'une terrible nuit... un démon me conduisit à la grille du jardin de votre tante... et j'ai tout vu, tout entendu!

De Mersanes laissa tomber son front sur ses mains et sanglota. Il y eut quelques instants de silence.

— Ce démon se nomme Viáni, dit la comtesse; je le reconnais. Je fus bien imprudente, ce soir-là... mais ma pauvre tête était si bouleversée... elle allait où on la menait!.. Il a été le témoin de cette scène!

Cela fut dit sur le ton du monologue, et ne provoquait aucune réponse; aussi de Mersanes l'entendit à peine, et il garda son attitude désolée.

La comtesse changeant de ton :
— Eh bien! monsieur, dit-elle, si vous avez écouté aux portes, je ne comprends pas votre désespoir. Vous savez tout, et votre outrage est plus énigmatique pour moi que jamais.

De Mersanes leva la tête et regarda la jeune femme avec des yeux étranges.

— Je n'ai entendu, madame, dit-il, qu'une seule phrase, celle que je vous ai répétée... Il me semble que c'est suffisant.

— Alors, vous ne savez rien.
— Mais j'ai tout vu, madame.
— Alors vous ne savez rien.

Le regard que lança le jeune homme sur la belle veuve signifiait clairement, voilà une audace qui m'anéantit!

— Vous ne savez rien! poursuivit la comtesse d'une voix radoucie, rien! Au reste vous ne seriez pas désespéré à ce point si vous saviez quelque chose...

— Eh bien! madame, dit Anatole, instruisez-moi, je saurai.

— Hélas! vous me demandez l'impossible! comte de Mersanes.

— S'il en est ainsi, madame, je vous prie de me permettre de sortir. Je ne vous comprends pas; vous êtes un mystère vivant; vous m'avez appelé à Florence... pour me tuer.

Un soupir de désespoir suivit ces paroles; de Mersanes essaya d'ouvrir la portière; Hortensia le retint.

— Comte Anatole, dit-elle avec l'accent des beaux jours, un serment lie ma bouche; le plus grand de mes intérêts me lie à mon serment. Ayez confiance en moi...

— Le jardin! le jardin! s'écria de Mersanes en se frappant le front.

— Vous avez été dupe des apparences...
— *Je donnerais ma vie pour toi, mon ange adoré!*
— Dupe des apparences.
— Quel est ce jeune homme, madame, qui vous parle avec toute l'intimité de l'amour?

— Eh bien! écoutez-moi, mon cher comte, dit Hortensia, les larmes aux yeux; je vois que j'ai perdu votre estime, par un de ces hasards dont la vie est faite. Je tiens à votre estime, et je suis touchée de votre désespoir. Je me tairai, parce que mon honneur et mon intérêt le plus cher me condamnent au silence; mais, pour regagner votre estime et vous sauver de la mort, peut-être, je me résigne à une démarche qui trouvera, dans mon intention, son excuse devant Dieu... Comte de Mersanes, voulez-vous voir ce jeune homme qui me parle avec tant d'intimité amoureuse?

— Oui.

— Voulez-vous entendre une conversation entre lui et moi?.. Vous ne répondez pas; je comprends votre hésitation... Elle est injurieuse... mais je vous pardonne... Il vous est permis, agonisant comme vous êtes, de pousser ma complaisance à bout... Vous craignez que je n'avertisse ce jeune homme par parole ou par écrit, et que je ne lui dicte une comédie dialoguée pour vous tromper... eh bien! vous ne me quitterez pas. J'attends ce jeune homme à dix heures, ce soir, dans ma chambre. Je vous réserve une place où vous verrez tout et entendrez tout, sans être vu. Puisqu'on n'a pas hésité sans scrupule à se servir de ce moyen pour vous faire du mal, je puis l'adopter aussi pour le remède. Ma bouche restera muette; un autre parlera pour moi, et vous saurez tout.

Anatole saisit la main de la jeune femme et l'arrosa de larmes.

— Pardonnez-moi, madame, dit-il avec la voix du cœur, pardonnez-moi! je vais mettre le comble à mes torts; j'accepte! Je ne suis pas assez grand, assez noble, assez héroïque pour refuser. Je sens que mon devoir serait de vous dire : Je ferme les yeux et je crois. Mais je n'ai pas le courage du devoir. L'excès de mon amour me rend coupable. Si je vous aimais moins, je refuserais. Il y a chez moi une atroce curiosité qui vient de l'enfer comme un crime; il y a une vision épouvantable qui brûle mon front : il faut un miracle pour me sauver, pardonnez-moi et sauvez-moi!

— Pas un mot de plus, comte Anatole; je n'exige rien au-dessus des forces de l'humanité.

Le cocher reçut ordre de hâter le pas de ses chevaux. La voiture sortit de la ville et entra dans la route du Val d'Arno; à peu de distance des remparts, elle s'arrêta au pied d'une colline. Le jour tombait.

Analole et Hortensia montèrent par un sentier tortueux jusqu'à la grille d'une petite maison blanche, aux persiennes vertes.

Stanislas, le domestique polonais, ouvrit la porte, et Hortensia lui dit :

— Stanislas, ce soir à dix heures, un jeune homme viendra ; vous le laisserez entrer, et vous le conduirez jusqu'à la porte de mon appartement. Vous resterez dans le jardin avec son domestique. On vous appellera...

Puis, se tournant vers le comte de Mersanes :

— Maintenant, ajouta la jeune femme, comte Anatole, causons de choses indifférentes ; parlez-moi de vos voyages ; reprenez votre bonne humeur. Supprimons-nous de ce monde jusqu'à dix heures du soir.

Ce programme de soirée ne fut pas exécuté dans sa rigueur ; la situation était trop solennelle pour les deux personnages. Il y eut de longues interruptions pleines d'un silence morne. Parfois de Mersanes se levait convulsivement, comme entraîné par une secousse irrésistible, et il se promenait à grands pas en se demandant par quelle infernale supercherie de femme la comtesse parviendrait à rendre innocent le rendez-vous du jardin ?

A l'approche de l'heure attendue, la comtesse monta aux appartements supérieurs avec Anatole, et lui désigna le poste secret où il devait tout entendre et tout voir. La jeune femme n'était pas émue ; de Mersanes tremblait.

— Voyez, comte de Mersanes, dit-elle, en lui montrant la campagne à travers les persiennes, voyez comme ce bout du monde est bien choisi pour goûter un peu de repos. L'Arno coule à mes pieds dans son lit étroit de collines. Il y a de jolis couvents sur ces hauteurs ; il y a partout de charmantes petites maisons qui ressemblent à un village éparpillé ; c'est un paysage adorable. Dieu m'a délivrée de Fabiano, ce démon sicilien qui m'épouvantait jour et nuit, et de cet ennuyeux Viani, qu'il m'a fallu subir si longtemps par nécessité de position ; enfin je respire un air libre dans un pays délicieux ; c'est pour moi comme une vie nouvelle ; je sens que j'existe : les heures sont si douces entre l'azur de ce fleuve et l'azur de ce ciel !

Quelle tranquillité d'esprit ! se dit de Mersanes à lui-même ; tout cela est trop calme pour être vrai. Cette femme joue un rôle. Elle veut me faire quitter la place, en prenant ce ton mélancolique qui semble exclure toute préoccupation sérieuse. Mais, je suis plus rusé qu'elle ; je resterai jusqu'au jour s'il le faut... et si personne ne vient !.. personne ! je serai joué !

Cependant un bruit de porte sur la terrasse décomposa soudainement la figure de la comtesse ; mais cette émotion paraissait plutôt appartenir à la joie vive qu'à tout autre sentiment.

La jeune femme posa son index sur sa bouche, et l'autre main désigna le poste secret. Anatole obéit machinalement au geste, se raffermit sur ses pieds, et attendit.

Il y a dans ces moments une terreur qui n'est pas celle des grands périls, et qui fait refluer le sang au cœur, brûle la racine des cheveux et dessèche la langue, comme si la voix d'un corps invisible vous parlait à l'oreille dans la nuit ; comme si une main de plomb glacée secouait votre main dans les terreurs de l'insomnie. Les femmes sont plus à l'aise que les hommes au milieu de ces émouvantes scènes ; le premier moment de crise passé, les femmes se composent un visage, une voix, un maintien qui laissent croire qu'elles sont tranquilles ; les hommes, dans les mêmes circonstances, tremblent jusqu'à la fin : il leur faut des dangers de mort, à eux, pour être braves : la nuit, entre une lampe et une femme, ils ont peur.

Un bruit de pas rapides se fit entendre dans l'escalier, et la respiration haletante d'un homme arriva même à l'oreille d'Anatole ; car, dans cette maison isolée, que n'agitait aucun bruit extérieur, le moindre murmure de l'air trouvait des échos.

Trois coups lents et nettement accusés retentirent sur la porte.

— Entrez, dit la comtesse d'un ton décidé.

La porte s'ouvrit.

Les yeux d'Anatole se voilèrent d'un nuage ; ses pieds faiblirent ; le sang gonfla les veines de son cou, comme le fer d'un carcan. Il se retourna vers une fenêtre ouverte derrière lui pour aspirer le baume de l'air, et demander un peu de calme à la sérénité des étoiles.

Le couvent dormait sur la colline, l'Arno dans son lit, l'arbre sur la rive, la fleur agreste sur le gazon. La tempête d'une passion rugissait seule au milieu de cette tranquillité sublime.

Il lui sembla entendre un cri de femme.

Ce cri lui rendit son énergie d'homme, et dissipa le nuage de ses yeux. Anatole vit au fond de la salle la comtesse Hortensia dans une attitude alarmante ; son bras tendu vers un homme semblait lui défendre d'approcher.

De Mersanes regarda cet homme, et il se crut, au premier coup d'œil, dupe d'une illusion ; mais le doute n'était pas longtemps permis : cet homme était signé de son nom de la tête aux pieds ; c'était le comte sicilien Fabiano !

Il était debout, dans une attitude de respect assez rassurante ; son geste paraissait humble et même suppliant ; sa voix avait perdu cette vivacité orageuse et stridente qui semblait menacer toujours.

— Oui, madame, disait-il, je suis venu à la place de l'autre ; vous ne vous attendiez pas à me voir, mais vous reconnaîtrez bientôt que je viens en ami... Point de scandale ! point de cris ! Je vous le répète, tout serait perdu ! La moindre imprudence vous coûterait des regrets éternels... Vous savez ce qui m'amène ici. Votre bonheur est entre vos mains ; je suis prêt à vous le rendre. Quand vos autres amis parlaient, moi j'agissais. J'ai envoyé, à votre insu, mon intendant, Octavien d'Oropeza, en Pologne. Ce qu'il a fait tient du miracle. Lui-même vous a donné, dans votre jardin, tous les détails de son expédition aventureuse. Il a vu vos amis à Varsovie ; il vous a rapporté des lettres de toutes les personnes qui s'intéressent à vous, entre autres la lettre de votre amie la comtesse Zamoïska, que vous avez couverte de baisers sur le perron de votre jardin, la nuit de votre première entrevue avec Octavien ; lettre qui se terminait par cette phrase de vous, adressée à votre jeune fille : *je donnerais ma vie pour toi, mon ange adoré!* C'est toujours par mes conseils qu'Octavien vous a fait quitter Gênes le lendemain de cette entrevue nocturne et solennelle. Vous auriez pu trouver un obstacle à votre départ dans le pouvoir tracassier du marquis Viani; j'ai su mettre cet homme dans l'impossibilité de vous nuire. Octavien vous a dit, sans doute, que la première personne qu'il a vue à Varsovie est le peintre Wiganoski, une de vos intimes connaissances. C'est par lui que mon émissaire est arrivé à tout, en prodiguant l'or. Le vieux général, votre correspondant à Paris, n'a fait que des sottises, vous le savez. Nous avons triomphé, nous, de tous les obstacles. J'ai voulu qu'Octavien seul vous instruisît de tous les préliminaires, mais je me suis réservé le bonheur de vous annoncer le résultat. Octavien vous avait donné de l'espoir, beaucoup d'espoir, il est vrai, et cela vous avait comblée d'une joie bien naturelle. Moi je vous annonce, moi, que votre petite Hortensia est trouvée, et que je puis demain même la mettre entre vos bras!

La jeune mère se laissa tomber sur un fauteuil; mais ce ne fut qu'une faiblesse d'un moment. Le noble sang des femmes fortes de sa race vint à son aide.

— Monsieur, dit-elle d'une voix sanglotante, venez-vous ici pour vous jouer du désespoir d'une mère? Ce rôle manquait à votre vie...

— Je m'attendais à cette injustice, madame. Vous êtes encore sous l'influence des calomnies débitées sur mon compte... Votre fille a été volée par une vieille femme du faubourg du Choletz, dépouillée de ses habits de luxe et couverte de haillons. Les vols de petites filles, vous le savez, sont fréquents dans votre pays : c'est le peintre Wiganoski, avec sa rare sagacité d'artiste, qui l'a retrouvée. On pouvait s'adresser aux tribunaux pour avoir justice de ce vol odieux; mais il aurait fallu prononcer votre nom, traîner l'affaire en longueur, subir un procès interminable; Octavien a tranché la question avec de l'or, en un instant. N'ayez aucune crainte, votre jeune fille est entre les mains d'une gouvernante qu'Octavien a prise à Berlin. Si vous ne la reconnaissiez pas à sa grâce enfantine et à sa beauté, vous la reconnaîtriez à une petite lentille charmante qu'elle a dans la fossette de la joue gauche, comme vous.

La comtesse éleva ses mains par-dessus la tête, et en les laissant tomber, elle dénoua le nœud de sa chevelure, et un torrent de tresses noires ruissela sur les épaules et sur le sein.

Puis elle dit d'une voix déchirante :

— Mon Dieu! inspirez-moi! est-ce une trahison? est-ce un dévouement?.. Quelle chose vous faites, monsieur, si vous mentez! si vous prenez plaisir à déchirer un cœur de mère avec cette atroce et froide combinaison!

— Je ne vous comprends pas, madame, dit Fabiano avec la plus douce et la plus respectueuse des voix; lorsque mon émissaire Octavien vous a demandé une première entrevue à dix heures du soir, loin des témoins et des importuns, vous l'avez accordée; au nom seul de Varsovie et de vos amis, vous n'avez pas hésité. Octavien a dirigé tous vos pas dans cette soirée,

vous l'auriez suivi au bout du monde. C'est la même volonté, la mienne, qui vous a fait quitter Gênes, qui vous a donné pour retraite le val d'Arno, et un pays libre, ouvert à tous vos compatiotes proscrits. Aujourd'hui, Octavien se retire; c'est moi qui arrive à sa place, tenant votre enfant par la main, et vous me traitez avec la même rigueur que si je vous enlevais votre fille! La panthère ne roule pas des yeux plus menaçants lorsqu'on lui arrache ses petits. Si vous agissez ainsi, madame, parce que vous vous méfiez de moi, expliquez-vous, je suis prêt à vous satisfaire; j'ai des réponses victorieuses à donner à toutes vos demandes.

La comtesse fit un sourire, et son regard resta sérieux; puis, avec un accent de sombre ironie :

— Vous êtes étonné, monsieur, dit-elle, de ma méfiance à votre égard! Vraiment! je suis injuste, n'est-ce pas?.. Vous tramez une bonne action comme on trame un crime, et je n'aurais pas le droit de me méfier de votre bonne action! Si vous avez un enfant à rendre à sa mère, rendez-le, monsieur, sans retard et sans condition, ainsi que ferait tout honnête homme.

— Oui, madame, tout honnête homme qui ne vous aimerait plus agirait ainsi; mais moi, madame, je vous aime d'un amour qui me tue : vous le savez. Je vous donne une éclatante preuve de cet amour en me dévouant nuit et jour à votre intérêt le plus précieux, à votre intérêt maternel; j'ai tout sacrifié pour rendre à votre âme une joie qui n'était que sur votre visage; et il ne me serait pas permis d'user de quelques moyens innocents pour obtenir la récompense d'un sourire! Oh! madame, si vous persistez dans cette rigueur, votre injustice deviendra une cruauté... Vous ne me répondez pas, madame; vous doutez, vous doutez toujours?.. Mais ayez la bonté d'apprécier ma position; si je remettais, à présent, votre enfant dans vos bras, je serais, sans doute, accueilli en triomphateur, mais je serais chassé demain comme un esclave... Je vous aime trop pour commettre une pareille faute; j'ai des droits victorieux, et je ne m'en dessaisis pas... Voulez-vous une preuve de plus? la voici... Lisez cette lettre du grand artiste qui a fait le portrait en pied de votre mari... la voilà, madame, lisez et remarquez la date, elle est des premiers jours de juillet 1833... lisez.

La comtesse hésita quelques instants; mais la noble curiosité de la mère l'emporta sur la dignité de la femme. Elle prit la lettre et lut :

A M. Octavien d'Oropeza.

« Mon cher monsieur,

« D'après vos désirs, j'ai terminé chez moi, en quelques heures, le portrait de la charmante fille de la belle comtesse. Vous le trouverez frappant, j'espère. Il n'a pas fallu perdre de temps, puisque vous partez aujourd'hui. Vous direz de vive voix à l'heureuse mère que je n'ai pas reçu les lettres qu'elle m'a écrites, si elle m'a écrit. Mettez-moi à ses pieds divins.

« Vous montez en voiture place Sigismond, 3, à sept heures du soir; c'est là que je vous donne rendez-vous une demi-heure avant votre départ. Je vous attendrai à la grille de la Statue, et je vous donnerai le portrait de la petite Hortensia.

« Mille amitiés, W***. »

D'Isola-Bella, je suis innocent.

— Quel horrible martyre! dit la jeune femme en laissant tomber la lettre et la main sur ses genoux. Puis d'une voix éteinte, elle dit, sans regarder Fabiano :

— Et où est-il ce portrait? où est-il?

— Le voilà, madame, dit le Sicilien avec un gracieux geste d'abandon.

Hortensia prit le portrait, et le saisissement qu'elle éprouva n'arracha pas un cri à sa poitrine haletante; mais sa figure rayonna d'une joie immense, la joie qui aurait inondé Rachel devant la résurrection de ses enfants.

Elle se leva vivement, superbe d'amour; elle oublia tout : le lieu, la scène, l'heure et les deux passions grondantes autour d'elle, et la main fatale qui lui faisait ce don. Elle s'abîma dans sa contemplation de l'image adorée, lui prodigua ses caresses, ses larmes, ses sourires, ses sublimes élans, tous les trésors du cœur maternel; son visage sembla refléter le feu de l'extase des séraphins; tout ce qu'elle avait de mortel disparut; la flamme céleste de ses yeux couronna son front comme une auréole sainte; elle avait fui la terre, elle habitait le paradis!.

Fabiano la contemplait avec des regards de démon; il ressemblait à Lucifer se disposant à tenter la faiblesse d'Ève.

Quant à l'autre témoin de cette scène, il était arrivé à cet état violent de surexcitation nerveuse qui chasse la pensée du cerveau. De Mersanes avait traversé toutes les phases émouvantes de ce drame, et il succombait sous cette oppression de secousses contrariées qui le courbaient et le relevaient, comme l'arbre exposé à la furie de tous les vents.

La comtesse Hortensia, épuisée aussi par l'excès de tant d'émotions, reprit sa place sur le même fauteuil qu'elle avait quitté, sans détourner un seul instant

La jeune femme n'était pas émue, de Mersanes tremblait.

ses yeux de l'image chérie qui souriait à sa mère.

Le comte Fabiano se rapprocha d'elle d'un pas lent et légèrement appuyé sur le parquet ; il se composa une voix douce, mais qui pourtant fit tressaillir la jeune femme, comme si elle eût été secouée dans un rêve.

— Madame, dit-il, je suis singulièrement étonné d'une chose en ce moment : dans toutes ces démonstrations de joie, si naturelles d'ailleurs chez une mère, dans tous ces nobles sentiments qui éclatent en vous, et qui me ravissent, je suis surpris de ne pas entendre une seule parole de reconnaissance adressée à moi. Il me semble que je mérite au moins un sourire de la mère dont j'ai sauvé la fille !

A mesure que Fabiano parlait, sa voix arrivait par gradations insensibles à l'accent de l'ironie poignante et de la colère contenue. La comtesse Hortensia regarda son formidable ennemi, et elle ne put se méprendre sur la nature des intentions de l'ardent Sicilien.

— Comte Fabiano, dit-elle, pourquoi n'avez-vous pas amené ici, avec vous, M. Octavien d'Oropeza ? Vos ruses et votre audace, bien connues de moi, me donnent un étrange soupçon. N'auriez-vous pas surpris, par quelque machination infernale, le secret de M. d'Oropeza ? n'auriez-vous pas...

— Excusez-moi, madame, si je vous interromps. Octavien d'Oropeza est ici ; j'ai prévu le cas : si vous jetez un coup d'œil par cette fenêtre dans votre jardin, vous pourrez le voir causant à cent pas d'ici avec votre vieux Stanislas. Les étoiles donnent encore assez de clarté pour le reconnaître ; c'est lui que j'ai fait passer pour mon domestique.

La comtesse se leva dans une agitation folle, et elle comprit toute l'infamie du complot tramé contre son honneur, complot qu'elle avait soupçonné dès le premier moment.

— Comte Fabiano, dit-elle, vous avez pris bien des précautions pour rendre un enfant à sa mère. Les combinaisons de votre vertu ressemblent aux préparatifs d'un crime. Eh bien ! je n'ai pas tremblé devant les batteries russes, et je ne vous ferai pas l'honneur de trembler devant vous. Vos indignités me délient de toute reconnaissance. Mon enfant est en votre pouvoir, je l'aurai malgré vous. Dieu se sert quelquefois d'une main criminelle pour secourir une grande infortune : vous avez été son instrument ; et je vous jure, par les cendres de Varsovie, que je vous arracherai mon enfant, comme une autre mère de Florence arracha le sien de la gueule d'un lion !

— Et je vous jure, moi, s'écria Fabiano d'une voix qui sifflait comme un ouragan ; je vous jure par les cendres de ma mère que je ne vous rendrai votre fille qu'avec le titre de votre amant.

— J'aurai ma fille, monsieur, et vous ne ferez pas un seul geste de violence contre sa mère.

— Et qui m'en empêchera ?

— MOI ! s'écria un tonnerre qui tombait devant le Sicilien, sous la forme d'Anatole de Mersanes.

Le comte Fabiano resta immobile, muet, l'œil fixe, comme la statue de Benvenuto sur la place du Palais-Vieux.

XVI.

A MONTENERO.

De Mersanes ressemblait à un cadavre qui aurait pris son visage et qui, en ressuscitant, aurait gardé la pâleur de la mort et deux tisons de l'enfer dans ses yeux. Sa taille, grandie par une colère sublime, semblait surnaturelle : un rugissement aigu sortait de sa poitrine, et ses bras élevés au-dessus de sa tête s'agitaient avec des convulsions rapides comme deux tronçons de serpent boa.

— Pas un cri, pas un mouvement, pas un geste ! dit-il avec une voix surhumaine. J'ai amené avec moi six hommes du *Bargello* pour éviter le crime d'un coup de poignard. Vous êtes mon prisonnier, Fabiano, jusqu'à l'aurore.

Ces six hommes du *Bargello*, dont parlait Anatole, étaient un mensonge de nécessité.

Le démon sicilien, écrasé d'abord par cette foudroyante apparition, retrouva bientôt son audace, et croisant les bras sur sa poitrine :

— C'est admirable, monsieur ! dit-il ; je n'aurais jamais cru qu'un gentilhomme de votre nation répondrait à une insulte par un lâche guet-apens ! Mettez le comble à votre héroïsme, monsieur, assassinez-moi !

Un sourire de spectre précéda la réponse d'Anatole.

— Comte Fabiano, dit-il, vous osez parler de guet-apens, ici, en présence de cette noble dame que vos machinations infernales ont conduite dans ce désert, et sur laquelle vous leviez des mains violentes !

— Eh bien ! monsieur, si vous êtes le champion de madame, votre courage de Français aurait dû vous dicter quelque chose de mieux que l'idée d'un lâche guet-apens : je répète le mot.

— Je connais mon devoir, monsieur, et si vous connaissez le vôtre en ce moment, vous garderez le silence, et vous respecterez la douleur de cette noble femme qui succombe sous tant d'émotions.

— Comte de Mersanes, je me tais toujours quand j'attends un défi après une insulte.

— C'est bien, monsieur.

La comtesse Hortensia, renversée sur un fauteuil, et tenant à deux mains le portrait de sa fille, accompagnait cette scène de ses sanglots. Elle poussa un cri déchirant et s'écria :

— Et ma fille ! ma fille ! qui me la rendra ?

— Madame, dit Anatole, il m'est prouvé que votre enfant est au pouvoir de cet homme, mais cet homme est en mon pouvoir. Ainsi, madame, rassurez-vous ; nous sommes dans un pays de forte et bonne justice, elle vous sera rendue. Moi, je ne vous quitte plus, comte Fabiano, et lorsque vous aurez rendu l'enfant à sa mère, je vous rendrai votre liberté. Ce sera moi alors qui me mettrai en votre pouvoir.

— Comte de Mersanes, dit la comtesse d'une voix mourante, vous n'avez aucune satisfaction à donner.

— Pardonnez-moi, madame, dit Fabiano avec un calme d'emprunt très-bien joué ; bien avant cette scène, le comte de Mersanes a été insulté par moi, et je maintiens mon insulte en présence d'une femme.

— Je vous comprends, comte Fabiano, dit Anatole en mesurant son adversaire de la tête aux pieds ; vous êtes un spadassin sicilien, homme de longue épée et de bravoure courte, et vous croyez vous tirer d'affaire avec un duel. Eh bien ! je vous déclare que je ne me battrai pas. Mon sang et ma vie sont au service de cette noble dame qui n'a que moi pour appui.

La comtesse serra les mains du jeune homme.

— Madame, ajouta de Mersanes, laissez-nous seuls ici ; vous avez besoin de repos... Retirez-vous, madame, au nom du ciel et de votre enfant !

Hortensia ouvrit la porte d'un appartement voisin, en témoignant par ses gestes toute sa reconnaissance ; et les deux hommes, un instant après, restèrent seuls.

De Mersanes, qui n'avait pas quitté son poste d'observation à la distance d'un bras de Fabiano, dit à voix basse, mais ferme :

— Soyez tranquille, monsieur, je me battrai.

— Nous verrons, dit froidement le Sicilien.

— Pas un mot de plus !

Le jour ne tarda pas à paraître. Les cloches sonnaient, les villageois d'Empoli et de Ponto-d'Era passaient en chantant sur la route qui longe l'Arno ; les jardiniers des fermes voisines s'acheminaient vers la ville. La maison était tout animée par les bruits extérieurs. C'était l'heure joyeuse où l'on ne craint plus ni les fantômes, ni les assassins.

— Vous pouvez renvoyer vos sbires au *Bargello*, dit Fabiano ; voilà le soleil.

— Je n'ai pas de sbires avec moi ; il m'était permis de vous tromper, monsieur, pour arrêter un poignard dans votre main ; je sais que vous ne marchez qu'avec lui. C'est vous, monsieur, qui avez amené votre sbire avec vous, et il va me servir... Voici une plume, de l'encre et du papier, écrivez sous ma dictée, monsieur... écrivez, ou de cette croisée j'appelle tout ce monde d'honnêtes gens qui passent, et je vous fais traîner pieds et poings liés à *Buon-Governo!...* Vous êtes pris dans vos propres pièges! Si l'enfer vous inspire vos combinaisons pour le mal, Dieu m'inspire les miennes pour le bien! Vous êtes vaincu, Fabiano!

Le poil se hérissa sur la lèvre de Fabiano, et un râle de tigre siffla à travers ses dents serrées.

— Oh! siffle, serpent! dit Anatole; vautour, ronge ton propre foie!.. mais obéis! obéis!

— Lâche! dit Fabiano, c'est ainsi qu'il se bat! un Français!

— Prends cette plume, misérable! ou je te dénonce à tout le val d'Arno comme un voleur de nuit, comme un assassin!

— Et vous ne vous battrez pas!

— Sybarite efféminé du Val di Nota, je te mets à la torture avec ces deux doigts, si tu ajoutes un seul mot! Écris.

Fabiano fit une ondulation de tête, comme la hyène dans sa cage, et prit la plume. De Mersanes dicta, le Sicilien écrivit, et à chaque mot il s'arrêtait pour prendre haleine et pousser un rugissement sourd.

Voici ce billet :

« Mon cher Octavien,

« Je suis content de toi! Toi, ne perds pas une minute; pars avec le dévoué Stanislas. Allez tous deux à San-Miniato, dans la maison que tu sais, et conduisez la petite Hortensia chez le général polonais comte P..., de l'autre côté de l'Arno, devant *San-Spirito*. Je t'attends ce soir à sept heures, à la *Locanda de la Quercia Reale*, à Livourne.

« COMTE FABIANO VAL DI NOTA. »

De Mersanes écrivit, de son côté, ce billet au général P...

« Mon cher général,

« Vous recevrez une jolie petite fille de cinq à six ans, et vous la rendrez à sa mère la comtesse Hortensia, votre compatriote. Vous donnerez vos soins à ces deux anges jusqu'à midi.

« A midi, vous trouverez un prétexte quelconque pour vous absenter, et vous partirez en poste pour Livourne, où je vous attends à la *Locanda de l'Aquila-Nera*, devant le canal, ce soir, à sept heures.

« Vous comprenez que si je vous écris de ce ton impérieux, c'est que la circonstance est plus impérieuse encore que ma lettre.

« Surtout, le plus grand secret! ne montrez ce billet à personne!

« Tout à vous de cœur.   COMTE DE MERSANES. »

— Comte Fabiano, dit Anatole, vous le voyez, je fais mes dispositions en homme qui ajoute foi à tout ce que vous avez dit. Tant pis pour vous si vous avez menti à la comtesse Hortensia! Vous n'échapperez ni à la vengeance de la loi, ni à la mienne.

— Monsieur, dit Fabiano, je renonce de grand cœur aux droits sacrés que j'avais sur cette femme,

en échange de l'inappréciable service à elle rendu par moi; je révèle même avec joie et sincérité l'asile où j'avais déposé son enfant, pourvu que vous me donniez votre parole d'honneur d'ensevelir mes secrets dans la tombe qui recevra ce soir vous ou moi, après un duel à mort.

— Vous comprenez enfin l'horreur de votre position, comte Fabiano, et je vous en félicite. Vous tranchez de l'homme généreux; vous sentez qu'il vaut mieux aller à Livourne pour affronter un pistolet que pour ramer au bagne de cette ville. Eh bien! je vous accepte tel que vous êtes, et je vous donne ma parole d'honneur de ne tirer d'autre vengeance que celle qui me viendra du jugement de Dieu.

— C'est bien! dit Fabiano de l'air d'un spadassin adroit qui est sûr de son coup.

— Maintenant, dit de Mersanes, je veux bien vous donner une dernière explication. Vous avez prononcé le mot guet-apens : si je vous avais tendu un piège, j'aurais paru devant vous armé ou suivi d'une escorte. Les six hommes du *Bargello* qui vous ont épouvanté se seraient réellement présentés avec moi pour me prêter main-forte. J'étais seul et sans armes; vous voyez bien que le hasard m'a conduit ici, et que je ne songeais pas à vous.

Fabiano fit un mouvement de tête et d'épaules qui signifiait : Tout cela m'importe fort peu!

De Mersanes sonna plusieurs fois; mais Stanislas ne paraissait pas. Octavien, fidèle à la consigne reçue, le retenait encore à l'extrémité d'une allée, assez loin de la maison, où l'appel de la sonnette n'arrivait pas.

— Oh! s'écria Fabiano, il me tarde de voir finir tout cela!

Et ouvrant brusquement la croisée, il appela Stanislas d'une voix retentissante.

Octavien, reconnaissant la voix de Fabiano, poussa lui-même le domestique dans la direction de la maison.

De Mersanes garda toujours sa distance vis-à-vis de Fabiano; il observait son prisonnier, toujours prêt à s'élancer sur lui au moindre mouvement de rébellion.

Stanislas entra et fut étrangement surpris de trouver deux hommes dont les traits annonçaient une horrible agitation.

— Écoutez-moi bien, Stanislas, lui dit Anatole; vous donnerez cette lettre du comte Val di Nota, ici présent, à M. Octavien d'Oropeza, votre compagnon de cette nuit. Vous irez d'abord avec lui, où il vous conduira. Ensuite, à votre retour de San-Miniato, vous irez à cette adresse chez le général comte P***, et vous lui remettrez cette autre lettre. Cela fait, vous prendrez un calessino, et vous viendrez ici pour conduire madame la comtesse chez le général, devant San-Spirito. Si M. Octavien d'Oropeza vous demande qui vous a donné tous ces ordres, vous répondrez que c'est le comte Fabiano..... Avez-vous bien compris?.. je vais vous le répéter, vous le comprendrez mieux.

Le domestique se recueillit pour entendre la même chose une seconde fois... puis il hésita quelque temps et dit :

— Que votre seigneurie m'excuse; je voudrais savoir si madame la comtesse m'autorise à faire cette commission.

— Ah! c'est juste!.. frappez à cette porte, et demandez si vous pouvez exécuter les ordres de M. de Mersanes.

Stanislas entra chez la comtesse, échangea quelques mots avec elle, et reparut en disant, sur un ton de respect :

— J'obéis à monsieur le comte.

De Mersanes vit bientôt, à travers les lames des persiennes, Stanislas et Octavien s'acheminant vers San-Miniato.

Alors le jeune Français écrivit une courte lettre à la comtesse, et la laissa ouverte sur la table. Il écrivit aussi un court billet au général, et le cacheta pour l'emporter avec lui. Ce billet était ainsi conçu :

« Cher général,

« Si je suis tué, soyez l'ange gardien visible de la comtesse Hortensia. Il y a autour d'elle un démon !

« Comte ANATOLE. »

Après, il prit Fabiano sous le bras, et lui dit :

— Maintenant, monsieur, nous n'avons plus rien à faire ici. Sortons. Nous trouverons à Empoli un caléssino qui nous conduira droit à Livourne.

— Il est inutile, monsieur, dit Fabiano, que vous vous cramponniez à moi, comme vous faites ; je vous préviens que vous ne m'échapperez pas.

— Excusez ce luxe de précaution, monsieur ; j'ai peur de vous échapper.

Ce furent les dernières paroles qu'ils échangèrent. Tout était dit. Il n'y eut plus, de part et d'autre, qu'un silence menaçant et morne, comme celui qui se fait dans l'air à l'approche d'un ouragan.

Les pensées qui roulèrent pendant sept heures dans la tête de Fabiano et d'Anatole étaient bien différentes, les unes avaient tous les rayons de l'espérance, les autres toutes les ténèbres du désespoir.

Ils descendirent à Livourne sur la place d'armes, et traversant la Grande-Rue, ils s'arrêtèrent devant *la Quercia Reale*.

Les marchands ambulants d'armes de toute espèce abondent dans cette rue ; ils forment, avec d'autres brocanteurs, le tiers de sa population. Il fut facile à nos deux jeunes hommes de faire, sans être aperçus, leurs provisions de combat. Ensuite, ils arrêtèrent entre eux les conditions irrévocables de leur duel.

Octavien d'Oropeza fut exact comme un serviteur fidèle et bien payé.

— Messieurs, dit de Mersanes à l'instant même où Octavien arrivait, je vais envoyer un domestique à *l'Aquila-Nera*, pour prévenir le comte P*** que je l'attends ici. Et vous, monsieur d'Oropeza, je vous prie de garder le silence sur tout ce que vous avez fait ce matin. Je ne veux rien savoir, rien.

Octavien regarda Fabiano qui fit un signe d'assentiment.

Le général polonais arriva ensuite, et tendit de loin les mains vers Anatole, comme pour lui demander par signes de quoi il s'agissait avant de le demander de vive voix. De Mersanes ne répondit qu'en mettant son index sur sa bouche ; et dès qu'il put se faire entendre :

— Général, lui dit-il, ne me dites rien, ne m'annoncez rien, ne me demandez rien. J'exige de vous un service d'honneur, et un silence absolu... Général, prenez ce billet cacheté ; vous ne l'ouvrirez que demain, ou vous me le rendrez ce soir.

— C'est donc un duel ? dit Octavien à Fabiano.

Fabiano répondit oui par un signe de tête.

Octavien regarda de Mersanes d'un œil de commisération.

Le général mit la main sur sa bouche, et sembla dire en s'inclinant : Je vous obéis, mais je ne vous comprends pas.

De Mersanes reprit le bras de Fabiano, et ils suivirent à pied le chemin de Montenero. Le général et Octavien marchaient à quelque distance.

Au tomber du jour, ils arrivèrent devant Montenero, sur le bord de la mer. Le site était bien choisi. Il n'y avait d'autres témoins d'une mort sanglante que les vieux arbres de la montagne, les rochers nus, le sable du rivage et les flots qui blanchissaient d'écume l'écueil lointain de la Gorgone.

De Mersanes prit affectueusement la main du général et lui dit :

— Vous voyez qu'il s'agit d'un duel. Vous êtes proscrit, et vous trouvez ici, sous la protection du grand-duc, une hospitalité tranquille ; eh bien ! je suis forcé à vous demander le plus grand des services : il faut que le brave général polonais viole les saintes lois de l'hospitalité, car le duel est un crime en Toscane ; mais il y a des nécessités mystérieuses et indestructibles qui obligent un militaire à ne reculer devant aucune considération, lorsque les armes de deux hommes d'honneur se croisent devant lui. J'ai choisi exprès un port de mer qui, chaque jour, envoie des vaisseaux à tous les points du globe, afin que cette nuit même, les acteurs ou les témoins de cette affaire puissent quitter le sol toscan, s'il le faut.

Le général ferma les yeux, inclina la tête, étendit les bras horizontalement comme un homme qui accepte une loi malheureusement supérieure à tous les codes, la loi des exigences d'honneur.

— L'arme et les conditions sont réglées et acceptées par nous, dit Anatole ; nous ne chargeons que deux pistolets, nous nous plaçons à vingt pas, et nous pouvons nous avancer jusqu'à six. Le dernier qui fera feu a le droit de décharger son arme à cette distance, et quand il le voudra.

— C'est atroce ! dit le général ! ce n'est pas même admissible !

— C'est irrévocable ! dit Anatole ; si nos témoins refusent, nous nous battrons sans eux.

— J'ai accepté toutes les armes et toutes les conditions, dit Fabiano ; je regarde toute modification à ce pacte comme une lâcheté. Je ne veux point d'un duel d'écolier ; je veux le duel qui tue au premier coup. Comte Anatole, vous voyez maintenant si j'avais envie de vous échapper !

A ces mots, le Sicilien se mit à regarder, avec une attention calme, un brick, léger comme un oiseau, qui, les voiles tendues, glissait sur la cime des vagues :

— Voilà un brick de mon pays ! dit-il en souriant ; c'est un oiseau de bon augure !

— Voilà les premières étoiles qui se lèvent! dit Anatole; ce sont les miennes!

— Votre arme est chargée, dit le général à de Mersanes. C'est une bien triste chose que je fais là, mais je ne puis rien refuser à un Français.

Octavien donna l'autre arme à Fabiano qui la prit, la caressa et lui sourit avec la joie d'Achille à Scyros.

Les deux combattants prirent leur poste, et armèrent leurs pistolets.

— Général, dit Fabiano, à vous le signal!

— Général, dit de Mersanes, une jeune fille a-t-elle été rendue ce matin à sa mère?

— Oui, répondit le général.

Et le signal fut donné par lui.

Fabiano franchit quatre pas en un seul et fit feu.

— Touché! dit Anatole; et il était déjà sur la dernière limite, si près de Fabiano, qu'Octavien détourna la tête pour ne pas voir assassiner son ami presqu'à bout portant.

— Cette jeune fille vous sauve la vie, comte Fabiano! s'écria de Mersanes.

Et il tira sa balle dans la mer.

Fabiano salua, et dit:

— Alors, messieurs, c'est au revoir.

— Non, monsieur, ce n'est pas au revoir, s'écria le général, vous allez quitter sur-le-champ la Toscane, car vous êtes dénoncé à *Buon-Governo*, et la seule faveur que nous puissions vous accorder, c'est de protéger votre fuite ou votre départ.

Octavien, qui était l'homme des bonnes et des mauvaises actions, pansait la blessure d'Anatole; heureusement, elle était fort légère: la balle avait effleuré le sommet de l'épaule droite, sans affecter les mouvements du bras.

— Ah! comte de Mersanes! dit Fabiano en s'avançant, c'est ainsi que vous tenez votre parole!.. vous m'avez dénoncé!

— Il m'était plus facile de vous tuer que de vous dénoncer, dit Anatole; vous vous dénoncez vous-même, en mettant les villes en rumeur quand vous les traversez!

— Maintenant, comte de Mersanes, dit le général, je puis vous dire que vous avez outrepassé les exigences les plus rigoureuses du devoir. Assez d'héroïsme, il y en a déjà trop. Prenez mon bras, saluez ces messieurs, et partons.

— Je reste donc maître du champ de bataille, dit Fabiano à son ami.

— Comme le cadavre reste maître de son tombeau, dit Octavien.

— Malédiction!

De Mersanes et le général étaient déjà bien loin.

Chemin faisant le général contait ainsi les aventures du matin à de Mersanes enivré de joie, et ce récit guérissait sa blessure.

— Oui, mon cher comte, disait-il, je ne reverrai jamais rien de pareil. Tous les élans de joie maternelle que le théâtre grimace ne peuvent vous donner une idée de cette scène d'intérieur à laquelle j'ai assisté, moi seul. Je connaissais depuis longtemps le courage héroïque de la comtesse Hortensia; je savais qu'elle pouvait supporter, sans fléchir, l'excès du bonheur ou de l'infortune. Aussi, je n'ai pas cru devoir prendre ces précautions méticuleuses dont on se sert pour préparer les âmes faibles à un coup foudroyant. Lorsqu'elle est entrée chez moi, je tenais sa fille sur mes genoux, une enfant délicieuse, un ange avec des yeux noirs superbes et des cheveux à mille boucles; sa mère en miniature! le ciel doit s'être ouvert pour voir ce tableau. Hortensia n'a pas couru; elle s'est précipitée sur moi, avec toute la furie de l'amour maternel; sa chevelure s'est mêlée à celle de l'enfant; ses lèvres ont murmuré, sur la bouche de l'ange, des syllabes inouïes qui s'élançaient du cœur, des paroles ardentes que l'homme ne connaît pas, et qu'un séraphin souffle à l'oreille des mères. Je voyais étinceler des larmes sur des joues vermeilles, comme à l'aube les gouttes de rosée sur des fruits exquis; et mes larmes, alors, ont coulé aussi; et je les sens, à cette heure, tomber encore de mes yeux, comme elles tombent des vôtres, mon cher Anatole; car s'il est un spectacle à convier les anges et à les attendrir, c'est celui d'une mère qui a pleuré son enfant, et qui le retrouve vivant dans ses bras.

Le comte de Mersanes fléchissait sous une émotion inconnue, et son corps brisé par une nuit et un jour pleins de secousses déchirantes demandait un peu de repos.

Il fallut donc faire une halte de quelques heures dans l'hôtellerie de Livourne, et, bien avant l'aube, un léger calessino emportait à Florence les deux amis.

De Mersanes voyait s'allonger devant lui cette route délicieuse qui semble promettre à tous quelque bonheur inattendu à son extrémité.

Une pensée d'amour s'épanouit avec délices sur ce chemin de fleurs et d'ombrages; car l'amour n'est pas cette passion stupide et froide que l'ancien théâtre faisait beugler entre deux murs de carton peint; il faut à cette passion divine un cadre d'azur et d'or, les rayonnements du ciel et de la mer, les horizons des collines et des campagnes: il faut que la création environne de ses splendeurs la femme aimée, comme si elle seule recevait les caresses de tout ce qui chante et brille dans les tièdes régions, jardins de l'univers.

C'est bien sur la route de la mer à Florence que toutes les voix de l'air accompagnent la voix de celui qui passe avec une illusion au cœur. Les noms même des villages endormis au bord de l'eau sont pleins de grâce et d'harmonie; les cloches des collines et les arbres de la vallée semblent dire ces noms à vos oreilles: c'est Viarello, Pian-di-Pisa, Cashina, Ponto-d'Era, Empoli; on dirait que ce chemin scande lentement un vers de Virgile, et qu'il est bordé de ces jeunes arbres qui croissaient avec les amours. Le charme des paysages adoucit la fièvre du voyageur; la mer est déjà bien loin, et il croit encore entendre ses vagues, lorsque s'élèvent devant lui les deux monuments qui écrivent le nom de Florence dans le ciel: le campanile de marbre, et le dôme de Sainte-Marie-des-Fleurs.

Le comte de Mersanes traversa la ville comme un éclair, franchit l'Arno sur le pont de la Trinité, courut à San-Spirito, et monta d'un bond l'escalier du ciel.

Une porte s'ouvrit... La Madone *della Seggiola* qui

se réjouit de son enfant, à la galerie de Pitti, n'est que l'ombre du soleil qui éblouit alors les yeux du jeune homme; il tomba aux pieds du groupe divin, et dans la silencieuse extase de son adoration, il sentit une main bien connue, serrant la sienne, et une caresse enfantine effleurant ses cheveux... Si la vie était toujours ce moment, la vie serait quelque chose !

Quand Anatole se releva, une voix douce comme un écho du ciel lui avait donné, pour la première fois, un nom qui annonçait que l'amitié prenait un caractère plus tendre, et que l'espoir avait quelquefois raison d'espérer.

Florence, qui garde tant de gracieux souvenirs d'amour dans ses larges dômes de marbre, se rappellera aussi la fête nuptiale qui fut célébrée, quelques mois après ces événements, à Santa-Maria-Novella, devant la madone de Cimabuë.

Le comte de Mersanes recevait au pied des autels la main de la belle Française de Varsovie; et, à côté des époux, on admirait avec une émotion de larmes une jeune fille habillée comme l'ange de Fiesole, peint sur les murs de la chapelle voisine, la chapelle des Rucellaï; et l'on se racontait dans la foule les douleurs de la mère, la résurrection de l'enfant, et le nouveau miracle de la Madone du premier artiste florentin.

FIN
de la
COMTESSE HORTENSIA.

CAUSERIES.

Un jour Louis XIV se promenait sur le balcon de ce château de sucre brûlé, qui s'élève si pittoresquement à la lisière de la forêt de Saint-Germain.

Avec cet acharnement que chacun, roi ou peuple, met à regarder la chose qui attriste, le grand roi avait la petitesse d'arrêter ses regards sur le lointain clocher de Saint-Denis, ce gigantesque doigt indicateur, dressé sur le cimetière des monarques morts, pour faire un signe permanent et funèbre aux monarques vivants.

Ce clocher contrariait sans cesse Louis XIV; au milieu des fêtes, des bals, des amours, du spectacle du château de Saint-Germain, il était toujours là, debout comme un fantôme pétrifié, sonnant un glas inextinguible, avec ses voix de bronze, et lui criant, comme Massillon : *Dieu seul est grand!* fils de Louis XIII, il faut mourir!

Qui me débarrassera de ce clocher et de ce château? répondait le grand roi.

Son ministre de l'intérieur, le même

Qui payait Chapelain bien plus cher que Corneille,

et qui n'a jamais connu le fléau périodique des crises ministérielles, arriva sur le balcon, et lui dit : « Sire, Versailles est enfin terminé! il ne manque au château et au parc, ni une pierre, ni une fresque, ni un Neptune, ni une Cérès, ni une gerbe, ni une grenouille, ni un triton. Tous les dieux de l'Olympe siégent dans vos plafonds; ils y sont tous, excepté Dieu. Toute la Mythologie d'Homère y est coulée en airain, afin qu'elle ne s'efface jamais de la mémoire de vos poëtes. Versailles n'attend plus que son locataire royal, le monarque rival du soleil, *Nec pluribus impar.*

— Que signifient ces trois mots latins? demanda le roi.

— Je n'en sais rien, répondit le ministre; mais il faut bien qu'ils signifient quelque chose, car on les a gravés partout en lettres d'or, autour de votre frère, le soleil.

— Je ne resterai pas une minute de plus à Saint-Germain, dit le roi : en carrossse et partons!

Louis XIV regarda une dernière fois le clocher de Saint-Denis, et partit pour Versailles.

Arrivé au château, sa nouvelle résidence, le roi promena des yeux orgueilleusement satisfaits sur l'abondance de ses domaines, comme ce bison, dont parle Châteaubriand, qui contemple les merveilles du Meschacébé.

Les courtisans, selon leur usage pharamondesque, accoururent dans les embrasures des croisées, pour sourire à tous les bons mots que ne dirait pas le roi.

Messieurs, leur dit Louis XIV, selon un chroniqueur du temps, ce château est la pierre angulaire de la monarchie. C'est le royal et puissant écueil contre lequel viendront se briser toutes les rébellions. Versailles a manqué à tous les monarques qui ont été en lutte avec les grands vassaux, à Louis IX, à Louis XI, à Louis-le-Gros. Mes pauvres aïeux trônaient dans des chenils. Quel respect pouvait-on avoir pour eux! Dieu habite un palais d'étoiles, aussi on respecte Dieu. Versailles sera le ciel terrestre des rois de France, et on les respectera.

Ces paroles furent accueillies par les grands vassaux avec un respectueux murmure d'adhésion.

Un courtisan lettré, dominé par l'enthousiasme, s'écria que ces paroles étaient le complément de la fameuse prophétie : *Tu es Pierre, et sur cette pierre je bâtirai mon église éternelle.*

Le château de Versailles apparut à tous comme la pierre angulaire de la royauté.

Louis XIV n'avait pas songé aux *petits vassaux.*

Ce jour-là, les quatorze roues de la machine de Marly commencèrent à creuser le gouffre des cinquante millions qui devaient plus tard provoquer l'explosion des États-généraux.

Louis XIV donna le soir son premier bal... On commençait à *danser sur les volcans*. M. de Salvandy aurait pu dire son mot, ce jour-là, et un éclat de rire homérique, partagé par tous les dieux de l'Olympe versaillais, aurait confondu M. de Salvandy.

C'est exactement ce qui arriva ensuite à Versailles, chez M. de Grave, tout près de l'endroit où j'ai vu l'autre jour une scène du drame du 13 juin.

Louis XIV a bâti Versailles pour les États-généraux, le Jeu de paume et les procès républicains de 1849.

Le clocher de Saint-Denis avait bien raison de menacer le roi.

Dans la rue, ou pour mieux dire, dans l'avenue dite du Réservoir, à Versailles, on peut visiter encore aujourd'hui un bel hôtel qui appartenait, avant la révolution de 89, au chevalier de Grave, premier écuyer du roi.

C'était en 1788, quelques mois, quelques jours, quelques minutes avant l'explosion des États-généraux. Il y avait soirée à l'hôtel de Grave. Une sérénité d'âge d'or planait dans le noble salon, et se peignait en reflets doux sur les visages des femmes et des hommes; tout ce beau monde, bercé dans une molle béatitude, semblait appartenir aux personnages de la tapisserie, où les bergers et les bergères du Lignon se souriaient, la houlette à la main, en se présentant des fleurs, des rubans, des colombes et des agneaux.

Au moment où M. de Pressy, capitaine de dragons au régiment de Boufflers, disait à la duchesse de Ventabrun, sa voisine :

O miracle des belles!
Je veux vous enseigner un nid de tourterelles!

on annonça M. le marquis de Saint-Blancard, premier gentilhomme du roi.

— Vous descendez du château, marquis? demanda M. de Grave.

— A l'instant même, chevalier.

— Et que nous apportez-vous de nouveau?

— Un édit signé, ce matin, par Sa Majesté, au petit lever.

Le cercle fit silence et écouta; il s'agissait d'un édit du roi, et chacun interrogeait du regard le premier gentilhomme.

— Et quel est cet édit? demanda M. de Grave.

— Oh! peu de chose! Cela n'intéresse aucune de ces dames, et moi-même je n'y comprends rien du tout. Ce sont des chiffres... Voici ce qu'il y a de plus clair... On assure qu'on a découvert un déficit dans les finances; alors les gens du métier se sont mis à l'œuvre, et ont reconnu l'origine du mal. Il y a trop de caisses publiques pour le recouvrement de l'impôt. L'édit réduit le nombre de ces caisses ruineuses, et opère une économie de sept millions

— Et l'État est sauvé! — dit un jeune colonel, d'une taille au-dessous de la moyenne, et dont les yeux rayonnaient d'intelligence et d'esprit.

— Et l'État est sauvé! — Oui, colonel de Choiseul, ajouta Saint-Blancard, et, malgré votre ironie, venue de Chanteloup, l'État n'a jamais été en péril.

— J'en suis ravi, dit M. de Choiseul; mais alors votre nouvelle perd beaucoup de son importance, cher marquis, et vous nous avez enlevé la moitié d'un quatrain que M. de Pressy débitait admirablement. C'est irréparable!

— Colonel, dit M. de Pressy en riant, vous n'avez rien perdu. Je n'ai encore composé que la moitié du quatrain.

— Et quand l'achèverez-vous, mon cher Pressy?

— L'hiver prochain, en prenant mes quartiers.

De même que, dans l'ouverture du *Freyschütz* de Weber, quelques notes intermittentes et sourdes des cuivres s'élèvent au milieu d'une mélodie charmante, ainsi la voix de Cazotte murmurait, par intervalles, des accords funèbres, au-dessous de ce frivole entretien.

Le brillant colonel de Choiseul fut interrompu à sa réplique par une exclamation gutturale qui émut profondément le salon.

Cazotte se leva, et dit : — Ah! messieurs! de grâce! finissez là vos étourderies! j'entends passer dans la rue des bandes d'hommes chaussés de sabots de fer, et qui chantent l'hymne formidable du dieu Pan!

On ouvrit une fenêtre, deux femmes crédules regardèrent... personne ne passait, personne ne chantait. Rue déserte!

Un éclat de rire général retentit autour de Cazotte.

— Oui, — dit-il d'un air funèbre, — oui, messieurs, riez. On riait aussi devant Cassandre, devant Daniel, devant Jonas!

Et il sortit du salon.

Comme Babylone, Troie et Ninive, Versailles a eu son prophète. Les encyclopédistes même ont constaté ce fait merveilleux, et La Harpe, à son tour, en parlant de Cazotte, entre dans les plus minutieux détails d'une prophétie qui épouvanta madame Dubarry.

Tous ces souvenirs d'opulence, de terreur, de frivolité, de deuil, de grandeur, de mort planent sur ce sombre Versailles, et rien ne les en effacera. Il faut être étourdis comme des hommes d'État pour faire juger un procès politique dans cette Nécropolis de la monarchie. Toujours des procès politiques! toujours le vainqueur venant accuser le vaincu du crime d'avoir été vaincu! Eh! mon Dieu! après soixante ans de batailles gagnées et perdues, n'a-t-on pas encore compris que les gouvernements n'ont qu'un seul droit, celui de se défendre, et qu'après la lutte, il ne doit plus y avoir de criminels; il ne doit rester que des vainqueurs? Dans le nouveau pacte social, la force c'est le droit; à la bonne heure, c'est convenu; mais à condition que

Louis XIV.

le droit n'abusera plus de la force. Ne pas réussir, c'est le châtiment : il est déjà bien cruel. Jamais les leçons n'instruisent les hommes. Cette immense oraison funèbre qui sort de toutes les croisées du château de Versailles, n'empêchera point un procureur-général quelconque de redire son éternelle philippique contre les FACTIEUX. Ah ! monsieur l'avocat ! tout le monde a été FACTIEUX en France, depuis un demi-siècle ; il n'y a jamais que les maladroits du moment. La maladresse n'est pas punie par le Code pénal.

Après ce tribut payé aux circonstances majeures, passons aux mineures, *minora canamus*. Heureux temps, où M. de Pressy, officier de dragons, en garnison à Lunéville, envoyait au *Mercure de France*, et signait avec ses nom, grade et garnison, une charade de quatre vers sur le mot CHARPENTE. *Mon premier sous Phœbus*, etc. Voici une énigme en prose qui a longtemps exercé les rez-de-chaussées des rues d'Amsterdam et d'Hauteville : elle est trop longue pour tenir dans un quatrain.

Ces malheureux rez-de-chaussées ont failli perdre la tête sur cette énigme. Tous les portiers, race d'Œdipe, oubliaient de tirer le cordon dans les rues d'Hauteville et d'Amsterdam, et méditaient. Leur enseigne avait beau crier *parlez au portier ;* on leur parlait, ils étaient sourds comme les dieux d'Égypte. *Aures habent et non...*

Tous les dimanches, à six heures vingt-cinq minutes du soir, les rues d'Hauteville et d'Amsterdam voyaient passer des femmes de quarante-quatre ans, très-silencieuses, lesquelles s'acheminaient vers l'escalier des embarcadères des chemins de fer de Rouen et du Nord, avec un joli petit sac d'argent à la main.

Ces femmes regardaient leurs sacs, dont les reliefs arrondis trahissaient un rassemblement de pièces de cent sols, et elles souriaient avec amour.

Mon Dieu! s'écriaient les rez-de-chaussées des deux rues, pourquoi tous les dimanches nous ramènent-ils, à la même heure, ces mêmes femmes souriant à des sacs!

Et les rez-de-chaussées s'abîmaient dans de profondes réflexions.

Tout à coup, au *midsummer*, comme dit Shakespeare, au milieu de l'été, les femmes de quarante-quatre ans disparurent avec leurs sacs. Elles s'évanouirent comme les songes légers de la saison.

Le quinze octobre, elles ont reparu, et très-probablement on les reverra encore. Toujours les mêmes femmes, toujours les mêmes sourires, toujours les mêmes sacs!

Il y a eu le 16 un concile de portiers, dans un rez-de-chaussée de la rue de Dunkerque, car les mêmes phénomènes se sont reproduits dans le voisinage des chemins de fer de Strasbourg et d'Orléans, ce qui a compliqué la situation.

Les uns ont dit, dans le concile, que c'étaient des femmes qui venaient à Paris tous les quinze jours, avec des sacs vides pour changer des billets de cinq cents francs et rapporter la monnaie chez elles. On n'a pas admis cette opinion.

D'autres ont avancé que ces femmes venaient vendre des actions de chemins de fer, et qu'elles prenaient en masse cette voie de wagons pour faire renchérir les lignes de ces chemins et retirer un plus grand profit de leurs actions.

D'autres encore n'y allaient pas par quatre chemins, et soutenaient que c'étaient des Anglaises que la perfide Albion envoyait à Paris pour en exporter le numéraire et l'enterrer dans son île, comme font les Chinois, ces accapareurs de tout métal arrondi.

Ces diverses opinions devaient succomber dans les débats. Elles ont été flétries comme absurdes. Cependant la lumière n'arrivait pas.

Enfin un rayon a éclairé les membres du concile, et un cri unanime de satisfaction a retenti.

Un orateur a trouvé le mot.

Ces femmes sont d'excellentes ménagères, établies et domiciliées dans les villes, bourgs et villages échelonnés sur les quatre lignes de chemins de fer : elles viennent enlever aux représentants, leur maris, les économies des vingt-cinq francs quotidiens, afin qu'elles ne s'abîment pas dans le gouffre de Paris, cité de dilapidation. C'est un moyen ingénieux que la province a trouvé pour grever à son profit la capitale d'un énorme impôt. Espérons, grâce à cette découverte, que les représentants seront plus généreux et moins provinciaux, lorsqu'on demandera des fonds subventionnels pour les besoins des théâtres de Paris.

Cette semaine a vu la retraite d'un conservateur qui n'appartenait pas à l'armée de M. Guizot. Il y a des places et des fonctions que Paris possède, sans en soupçonner l'existence. M. L... conservait, avec le titre de conversateur, le théâtre de l'Odéon depuis quarante-cinq ans. Il jouissait d'honoraires très-beaux, d'un vaste appartement, et d'autres utilités agréables. Tous ceux qui passaient dans la rue Vaugirard ne se doutaient pas que le théâtre de l'Odéon était conservé et gardé à vue par un fonctionnaire spécial, chargé aussi, par la même occasion, de conserver le Théâtre-Français. Quarante-cinq ans de surveillance irréprochable attestent suffisamment les services que le double fonctionnaire a rendus au premier et au second Théâtre-Français. Il était impossible de mieux conserver ces deux monuments; pas une colonne n'a manqué à l'appel.

Il en sera ainsi, nous l'espérons bien, des tours de Notre-Dame, dont le conservateur a été décoré sous Louis-Philippe, pour son zèle. Le conservateur des tours Notre-Dame et le conservateur de l'Odéon méritent bien de la république des arts. Les tours métropolitaines sont visibles sur tous les ponts de la Seine, et chacun peut se faire une idée, en les regardant, de tous les soins que leur a prodigués un habile conservateur. C'est pourtant un bon mot très-connu d'un jurisconsulte célèbre qui a donné l'idée à quelque ministre de créer cette incroyable fonction. *Si on m'accusait*, a dit le jurisconsulte, *d'avoir volé les tours de Notre-Dame, je commencerais par prendre la fuite, et après nous verrions*. Le ministre, à qui ce propos fut rapporté comme nouvelle du jour, était probablement un de ces ministres comme il y en a beaucoup; grands hommes d'État, mais stupides comme les niais dramatiques, inventés par Guilbert-Pixérécourt; il prit donc le mot au sérieux, et ayant quelque cousin honoraire à placer, il le nomma conservateur des tours de Notre-Dame. En France, une chose absurde créée est indestructible; rien ne peut la déraciner du sol natal.

Ce qu'on se gardera bien de conserver cet hiver, si on en juge par les avanies nocturnes déjà signalées par la presse, c'est la vie ou la bourse des passants aux heures de la nuit; jusqu'à ce que tout ce qui est imprimé sous forme de journal et de revue crie à toutes ses pages que la police de Paris n'est pas faite, et que, passé minuit, nos rues sont plus périlleuses que les gorges des Abruzzes, des Calabres et des Apennins; jusqu'à ce que cette vérité soit stéréotypée partout et sous tous les formats, il est impossible d'espérer qu'un gouvernement prendra enfin souci de la sécurité de la capitale, et qu'il nous donnera cette institution des conservateurs nocturnes dont la ville de Londres, deux fois plus grande que Paris, jouit depuis si longtemps. Par malheur, la défense des intérêts politiques absorbe à Paris, dans les journaux, toute la verve des écrivains. Les abus de détail, les vices d'organisation municipale, les négligences dans le service civil ne sont jamais l'objet d'une polémique sérieuse et réparatrice. On s'occupe de tout ce qui se passe dans les cinq parties du monde au point de vue politique, mais personne ne consacrerait un *premier-Paris* à Paris.

Ainsi, comme simple exemple de détail, nous croyons que Paris, sous peu de temps, et si les édiles n'avisent pas, et ils n'aviseront pas, nous croyons que Paris va passer à l'état de Constantinople à l'endroit des chiens. Jamais on ne vit à Péra et à Galata des bandes errantes de molosses pareilles à celles qui ont infesté nos rues l'été dernier, en dépit de l'éternel arrêté municipal sur les muselières, affiché pour la forme aux angles de quelques carrefours. Les races canines, à force de se croiser, ont enfanté tous les monstres de l'Apocalypse, et chaque rue est une exhibition de monstres qui, usurpant le titre de chiens et le patronage de Buffon, se promènent avec une effronterie superbe et disputent le trottoir aux timides humains.

Les cas d'hydrophobie abondent, et les chiens errants continuent à se multiplier sous leur vieille réputation d'*amis de l'homme*. Toutes les années, un savant propose à l'Académie des sciences un nouveau remède pour guérir l'hydrophobie.

On fait un rapport sur ce remède, et les citoyens sont rassurés jusqu'à l'an prochain. Il y a cinq ans, un membre de cette académie, se trouvant assez ennuyé de tous ces remèdes et de tous ces rapports périodiques, fit une motion très-spirituelle. Messieurs, dit-il, j'ai trouvé, moi, un remède qui mettra fin à la série des moyens curatifs de l'hydrophobie, c'est l'extermination générale de tous les chiens errants. On a enregistré cette motion au procès-verbal. En France, lorsqu'on a enregistré quelque chose au procès-verbal, tout le monde est satisfait. On administre et on gouverne avec de vieilles formules, jamais par des actes. On fait le semblant de tout faire ; on ne fait rien.

Les étrangers recommencent à aimer Paris, leur vieille maîtresse. On arrive par tous les chemins. Le balcon et les premières loges de l'Opéra parlaient allemand et anglais à la représentation de lundi. Le Français y brillait par son absence, et s'était réfugié aux troisièmes loges. Au foyer, on se croyait à Drury-Lane. Les *very-nice*, s'échappaient de toutes les bouches, et un *comment vous portez-vous?* y était bien rarement entendu. Ce sera mieux encore, à la fin d'octobre, époque de clôture pour les salons de Bade, d'Aix-la-Chapelle et de Spa. Le reflux des pérégrinations opulentes se portera vers Paris. L'hiver sera brillant. Mademoiselle Angri est engagée aux Italiens. Elle a fait fanatisme, à Londres, cette saison, dans Arsace. On dit que depuis Pezzaroni, on n'a jamais entendu un Arsace aussi merveilleux. Les échos de *Queen's-Théâtre* rendent encore les applaudissements reçus par Angri après son dernier *in si barbara sciagura*. Qui sait? nous allons peut-être nous amuser, l'hiver prochain. Il est vrai que l'émeute, chassée de la rue, vient de se réfugier dans le pouvoir, où elle passera, dit-on, ses quartiers d'hiver. Il faut toujours qu'il y ait des émeutes quelque part ; lorsque les administrés ne les font plus, ce sont les ministres qui les font. Jeu sans fin !

———

Un jour lord Bathurst, ministre de l'extérieur, envoya lord Witmore en Chine, avec cette simple instruction diplomatique : — *Supportez tout, ne dites rien, observez.*

Le gouvernement chinois, qui semble avoir des espions dans toutes les figurines de porcelaine, étalées sur les cheminées de Londres, entendit, avec ses deux oreilles capitales de Pékin et de Zhé-Holl, les instructions données par lord Bathurst, et organisa un complot administratif, pour empêcher l'espion lord Witmore de rapporter à Londres ce qu'il aurait observé en Chine. Les gouvernements qui ne sont pas forts sont obligés d'être fins, et la ruse est une force inerte qui dompte les taureaux et les éléphants. En débarquant à Booca-Tigris, Witmore cessa d'avoir un loisir pour respirer ; il fut assailli par des mandarins qui le félicitaient, des musiciens qui le déchiraient, des artificiers qui l'incendiaient, des cuisiniers qui le maigrissaient, des comédiens qui l'ennuyaient, des pendules qui l'étourdissaient, des femmes qui le provoquaient, des parfums qui l'énervaient, des savants qui l'assommaient. Lord Witmore, esclave des instructions reçues à *Foreing-Office*, observa et supporta, et ayant observé et supporté pendant six mois, et trouvant toujours l'insomnie au lit, la famine à table, le repos nulle part, il tomba malade à *Hong-Cho-Foo*, et mourut sur cette terre étrangère, pleuré par les Chinois, qui savent si bien rire en pleurant.

Il y a en ce moment, à Paris, un ambassadeur plus malheureux que lord Witmore. Son gouvernement lui a donné cette instruction : *N'observez rien, ne voyez rien, ne dites rien.* Les mœurs politiques et civiles de notre jeune République effraient ce gouvernement ; il voudrait bien supprimer son ambassadeur à Paris pour le dérober à la contagion, mais il n'ose, de peur de *casus belli*, et il lui donne des avis diplomatiques qui équivalent à une suppression d'ambassade, sans offenser le cabinet républicain du faubourg Saint-Honoré.

Donc, l'ambassadeur en question qui habite un hôtel magnifique, a fermé toutes les fenêtres de ses façades, et sa porte cochère : on entre chez lui par une poterne, ou, pour mieux dire, on n'entre pas, car il ne reçoit aucune visite; les voyageurs nationaux ne franchissent jamais la frontière, toujours à cause de la contagion française. C'est un hôtel continuellement désert, et le célibat obstiné dont l'ambassadeur fait profession ne le peuplera pas, comme on le pense bien.

Ce diplomate désœuvré, après avoir dormi toute la journée du dernier lundi, se promenait dans une vaste galerie, décorée de cartes géographiques. Minuit sonnait. Il méditait sur les monarchies et les républiques, et s'arrêtait parfois pour écouter les échos réveillés par ses talons.

Un léger bruit attira son attention vers l'extrémité de la galerie, éclairée par un beau rayon de lune. Mes deux domestiques, seul peuple de mon hôtel, se dit-il, dorment depuis une heure; il n'y a pas un souffle de vent : d'où peut donc venir ce bruit qui, tout léger qu'il est, n'en est pas moins inquiétant, à cette heure, dans ce quartier désert, comme mon hôtel?

En raisonnant ainsi, il marchait vers le fond de la galerie, et, toujours à la faveur de la lune, il vit deux ombres opaques apparaître sur la porte, dans une pose d'indécision.

— Qui est là? cria l'ambassadeur; c'est le *qui vive!* du bourgeois dans les rondes domestiques.

Les deux ombres firent leur métier d'ombres; elles ne répondirent pas.

L'ambassadeur répéta son *qui vive!* et fondit intrépidement sur la double apparition.

— Que faites-vous ici, monsieur? dit une ombre à l'ambassadeur.

— Je vous arrête, au nom de la loi! s'écria le diplomate.

Au même instant, il fut arrêté lui-même par les deux ombres, et enfermé dans un cabinet noir, où il a passé toute la nuit, et une partie du lendemain.

L'or, l'argent, les bijoux et les objets de prix ont disparu, pendant cette nuit, comme on le présume bien, et le diplomate dépouillé ne songe pas même à porter plainte en justice : il est volé impunément. Son gouvernement lui a recommandé de ne rien observer, de ne rien voir, de ne rien dire. Les malfaiteurs sont à leur aise, avec lui. Il y a des Chinois partout, et à Paris plus qu'ailleurs. Deux spéculateurs en filouterie se sont rencontrés qui ont tiré parti de la position officielle d'un diplomate, et ont fait une affaire, où les risques et périls étaient du côté de l'ambassadeur. C'est un raffinement d'adresse qu'on ne retrouve que dans les hautes civilisations.

En revanche, d'autres spéculateurs ont travaillé hier moins heureusement. La semaine a été féconde en histoire de vols, et nous ne sommes qu'à la fin d'octobre. Vienne décembre, et nous verrons mieux.

Ces autres spéculateurs dorment dans un domicile creusé par les ingénieurs du gouvernement. Tout le monde connaît ces profondes cavernes qui s'étendent sous la butte Montmartre, et qui font trembler la génération présente sur l'avenir des terrains supérieurs. En attendant de s'ébouler, ces grottes immenses sont des hôtelleries, où les chrétiens errants trouvent des asiles gratuits et ténébreux. Souvent, lorsque la nuit est menaçante et doit faire éclater un crime, comme la nuit dont parle Tacite, les patrouilles de Montmartre passent devant ces cryptes, et s'arrêtant sur le vestibule argileux, elles lancent des regards et des *qui vive!* dans leur immensité sonore, où le crime se réveille en sursaut, et ne répond pas.

Telles sont les mœurs des bohémiens, des condottieri, des parias, aux portes de la capitale du monde civilisé.

Dans la nuit de jeudi dernier, un chef, domicilié dans ces catacombes, assembla sa troupe et lui dit : Nous allons faire un coup superbe, et qui probablement nous enrichira pour quinze jours au moins.

La bande poussa une clameur joyeuse qui ébranla les racines du télégraphe montmartrois.

— La paroisse de Montmartre, poursuivit le chef, est la plus ancienne église de Paris; elle est l'aînée de Saint-Germain-des-Prés, de Saint-Séverin, de Saint-Étienne-du-Mont; elle est contemporaine de l'église Saint-Pierre-aux-Bœufs de la Cité.....

— Eh bien! que nous importent toutes ces antiquailles d'églises! — interrompit un paria trop pressé d'arriver au fait.

— Dans notre état, poursuivit le chef, il faut tout savoir; la science ne gâte jamais rien; écoutez-moi tous jusqu'à la fin, et ne m'interrompez pas. J'ai servi, dans les Abruzzes, moi, sous le grand Gasperone, et je connais la valeur d'une église comme la valeur d'une médaille en or de sequin. L'église de Lorette, sur l'Adriatique, est estimée vingt millions de francs; son trésor est alimenté, depuis douze cents ans, par les dons et les aumônes. Il y a un proverbe calabrais qui dit : *vieille église, riche église.* Ce proverbe ne peut mentir. J'ai donc trouvé ce qu'il nous faut. J'ai trouvé une église aussi vieille que Lorette, et beaucoup moins bien défendue contre une spéculation de nuit. Ce trésor est sur notre tête, à côté du télégraphe qui semble nous faire signe de venir le chercher.

En ce moment la patrouille grise, qui veille à la sécurité nocturne de Paris, et qui est composée de trois vieillards somnambules, passa, en dormant, devant les carrières de Montmartre, et ne vit rien.

— Camarades, — poursuivit le chef, après le défilé de la patrouille grise, — j'ai étudié les localités, ce matin, avec un soin munitieux. J'ai marqué de l'œil le coin où nous ferons brèche; c'est la muraille des reliques et du trésor, j'en suis sûr; c'est la même architecture gothique qu'à Lorette, à Fondi, à Sinigaglia.

Un murmure de satisfaction courut dans les carrières Montmartre, et rebondit jusqu'au poste d'octroi de la barrière Rochechouart, à la faveur du silence de la nuit. Les douaniers mirent ce bruit lointain sur le compte du vent.

Le chef choisit quatre des plus adroits et des plus lestes de sa bande, et, dans la nuit de vendredi dernier, comme nous l'avons dit déjà, ils escaladèrent le versant à pic, qui s'abîme sous le télégraphe de Montmartre, du côté de la chaussée de Clignancourt.

Parvenu au sommet, le chef parodia spirituellement Annibal, qui montrait du haut des Alpes les plaines lombardes à ses soldats comme récompense de leurs efforts; il étendit sa main droite, comme le général carthaginois, et leur dit : « Camarades, voilà les Batignolles, Clichy, Montmartre, la plaine Saint-Denis. Choisissez là tout ce qui est à votre goût; demain vous serez riches et vous pourrez l'acquérir. »

Après cette courte harangue, le chef franchit le mur du jardin du Calvaire, et bientôt ils se trouvèrent tous les cinq au pied de la tour du télégraphe. Il faut dire en passant, et pour l'intelligence de cette histoire d'hier, que le télégraphe de Montmartre a donné sa démission; ce n'est plus qu'un télégraphe honoraire; il a droit d'entrée aux Invalides; ce fonctionnaire public consent à figurer quelque temps encore sur la butte, pour justifier l'exactitude des paysagistes qui ont peint jusqu'en 1849 les environs de Paris. Ainsi, la tour télégraphique a perdu ses gardiens et ses locataires; c'est un corps sans âme, une tour comme celle d'Abydos, qui a perdu Léandre et la belle Héro.

Le chef de voleurs avait même étudié les mystères de cette tour, et il ne redoutait rien de ce témoin télégraphique destitué : il marcha donc résolûment, en longeant les stations et les bas-reliefs du Calvaire, vers une fenêtre basse défendue par une forte grille de fer.

Les grilles de fer ravissent de joie les voleurs, et leur permettent de tout espérer; plus la grille est vigoureusement attachée au mur, et plus le trésor défendu est supposé considérable. La grille de l'église céda aux efforts réunis de dix puissantes mains. On alluma cinq petites bougies, et on examina les lieux envahis à hauteur du jardin.

On découvrit une cave, un fragment de nef antique, une chapelle ornée de quatre murs, et une sacristie en construction.

Pas l'ombre d'un trésor; mais beaucoup de poussière et d'humidité.

— Le trésor est loin, dit le chef.

On enfonça un panneau de boiserie, et on entra dans l'église, cette vieille église, bâtie sur les ruines du temple de Mars, à la cime du *mont des Martyrs*, *mons Martyrum* : Montmartre. L'antique sainteté du monument n'a point fait reculer les chercheurs du trésor; ils ont fouillé pas à pas les trois nefs, et n'ont découvert que deux énormes tronçons de colonnes romaines aux deux côtés de l'autel. Impossible d'emporter ces deux trésors de granit pour les vendre à l'antiquaire Bonchatain, devant le pont du Carrousel.

— Cherchons ailleurs le trésor, a dit le chef.

On a ouvert le tabernacle; — rien.

— Le trésor doit être dans la sacristie, a dit un des cinq.

L'opinion a paru bonne. On a enfoncé la porte de la sacristie, et après une visite des plus longues et des plus minutieuses, on a trouvé deux aunes de franges d'or et d'argent faux et avariés. Pas un centime en numéraire! pas un grain du moindre métal! Le désespoir qu'ont éprouvé les voleurs à la vue de ce néant, est attesté par des traces de coups de poings donnés contre les couches tendres du salpêtre qui recouvre les murs de la vieille église de Montmartre. Les vestiges de cire fondue démontrent aussi que les perquisitions les plus longues ont été faites, et que très-probablement les voleurs ne se sont retirés qu'aux premières lueurs du jour.

Jamais voleurs n'ont été plus justement volés; il n'y a pas d'arrêt judiciaire qui vaille une pareille punition. Mais en considérant cette histoire sous un autre point de vue, on ne peut s'empêcher de donner une plainte à la plus antique des églises de Paris, à cette pauvre et vénérable héritière du temple de Mars, laquelle n'a pu acquérir en quinze siècles une once d'un métal quelconque, ciselé ou monnayé. Le prêtre qui me racontait ce vol, l'autre jour, dans son église de Montmartre, me disait : Dès que nous avons ramassé quelques deniers, nous les employons à restaurer un pan de mur, à combler une crevasse, à dissimuler une ruine. Notre épargne de cuivre est aussi toujours à sec; ainsi nous ne craignions pas les voleurs.

Voilà donc un monument historique qui demande l'aumône aux portes de Paris, et qui ne la reçoit pas. Il y a même péril pour les amateurs d'antiquités, ou les fidèles qui les visitent. Le clocher s'écroule pièce à pièce; des pans énormes de maçonnerie s'en détachent à tout moment; la commune est pauvre, l'église n'a rien; toutes les mains se tendent du haut de l'édifice délabré vers le conservateur des monuments historiques, qui promet toujours de conserver, et vers le trésor national, qui promet toujours de donner. En attendant, on ne conserve rien, on ne donne rien, selon l'usage français. Il faut qu'il soit bien démontré qu'un monument jonche le sol de ses ruines, comme un temple de Palmyre ou de Persepolis, et qu'il a écrasé plusieurs téméraires archéologues; alors on envoie un architecte, on demande un rapport, on fait un devis et une adjudication; et après vingt crises ministérielles, on rebâtit une moitié de l'édifice avec l'autre moitié, en badigeonnant le tout avec un pinceau de maçon.

C'est ainsi que les peuples marchent à la barbarie! Cela ne nous regarde point, nous, car nous y sommes arrivés. Quand une nation perd le respect des reliques, profanes ou sacrées, elle a dit son dernier mot de civilisation; elle n'a plus qu'à se faire une existence fébrile, avec des disputes parlementaires, à l'exemple des Grecs du Bas-Empire qui prononçaient tant de longs discours, sur les rostres du Bosphore, quand la barbarie marchait à pas de géant, sous le nom de Mahomet II.

Depuis février, le mot *égalité* est écrit en lettres magnifiques sur la porte de toutes les églises; mais il paraît que les monuments ont la même destinée que les hommes. On restaure la métropole, on laisse dépérir l'église Montmartre. Voilà *l'égalité*; on ne donne jamais qu'aux riches. Il y a même des églises opulentes qui jouissent de certains priviléges d'une inégalité très-remarquable. Ainsi, on a célébré un service funèbre, mardi, à la Madeleine; c'était une bien douloureuse cérémonie! on y priait pour le repos de l'âme du grand artiste et compositeur Chopin. Lablache, Alexis Dupont, madame Viardot chantaient. Il y a eu un beau *requiem*. Jusque-là, il n'y a rien à dire. Tous les morts n'obtiennent pas autant d'honneurs à la Madeleine, mais tous les morts n'ont pas la même illustration. L'inégalité des talents ne sera jamais nivelée comme une allée de jardin. Voici le reproche.

On ne pouvait entrer à la Madeleine qu'avec des cartes, comme à l'Opéra. Cette mesure est intolérable, et ne peut être affichée à la porte de la maison de Dieu. Une église est le plus accessible de tous les lieux publics; chacun a le droit d'y entrer, lorsque la porte est ouverte. Il n'y a pas de cérémonie qui puisse exclure les uns et admettre les autres, quand les nefs ne sont pas encombrées de fidèles ou d'infidèles. On pourrait peut-être fermer les yeux sur pareille mesure de fabrique, dans une église pauvre, comme celle de Montmartre, par exemple; l'indigence a des droits; mais le temple le plus riche, le plus splendide de Paris, le mieux avoisiné, le mieux favorisé par le casuel; le temple qui a une ceinture de colonnes, et une tapisserie de marbre et d'or, ne peut exclure personne, en aucun cas; il y a un siècle que les Parisiens paient des dîmes pour bâtir, ciseler, dorer, orner la Madeleine; cet immense édifice payé par tout le monde appartient à tout le monde, et le Suisse, qui veille à ses barrières, ne peut exécuter le *Compelle eos exire* contre qui que ce soit. La prière, pour certains cœurs, est un besoin spirituel de toutes les heures, et celui qui passe devant la Madeleine, et veut prier, n'a point à s'enquérir si on prend des billets au contrôle; il a le droit imprescriptible d'entrer; il paie sa chaise cinq centimes, s'il les a; et s'il ne les a pas, il s'agenouille gratuitement sur le pavé.

Les gouvernements antiques, y compris les tyrans absolus, voulaient que tout fût gratuit pour le peuple, temples ou théâtres. C'était logique, comme la sagesse de ces temps-là. Ces tyrans n'auraient jamais compris un théâtre, payé par l'État, c'est-à-dire par tous les citoyens, selon les proportions relatives de leur fortune, et qui n'ouvrirait ses portes qu'à de riches privilégiés. Nos théâtres lyriques sont inabordables pour les trois quarts et demi de la population parisienne, et pour toute la banlieue. Il y avait à Rome, sous les tyrans, vingt cirques, trois amphithéâtres, cinq théâtres, deux naumachies, tous gratuitement ouverts aux citoyens. La campagne avait ses cirques et ses amphithéâtres pour les suburbains. Les spectacles commençaient le matin et finissaient le soir. Trente établissements de bains publics et gratuits s'ouvraient pour le peuple à toutes les heures de la nuit et du jour. Vantons-nous de notre civilisation, ensuite. Nous sommes des enfants au berceau. Aujourd'hui, le Théâtre-Italien, dont l'horloge a retardé d'un mois, en 1849, ouvre ses portes à tout le monde; il n'y a que les pauvres d'exclus, c'est-à-dire tout le monde aujourd'hui, ou à peu près.

Cela ne nous empêchera point de déplorer le malheur du jeune et riche lord F***, arrivé la semaine dernière à Paris pour étudier les femmes et les mœurs françaises. Sa première étude ne lui a pas été heureuse. Il sortait de l'hôtel de la Terrasse, rue Rivoli, dans un coupé de remise; ses équipages se débattaient encore avec la douane de Calais. Une averse subite inondait la rue Rivoli, et forçait les passants des deux sexes à chercher l'abri des arcades, ces longs parapluies de pierre qui devraient bien se déployer dans tout Paris. Une femme jeune, belle, et très-élégante de toilette et de tournure, saute légèrement un ruisseau improvisé par la pluie, et rase, dans son vol de sylphide, le coupé de lord F***. L'eau ruisselait sur toutes les coutures de la jeune femme, et son charmant visage avait l'incarnat fiévreux du désespoir. Lord F*** ouvre la portière, et, dans un français intelligible, il offre à l'infortunée victime de la pluie l'hospitalité roulante de son coupé; il y eut quelques minutes d'hésitation minaudière, puis on accepta.

— Où puis-je vous conduire, madame ?
— Rue Louis-le-Grand, n°**.

On part au galop.

Sur le seuil du numéro désigné, le lord demanda avec timidité la permission d'accompagner la jeune femme jusqu'à son appartement. On hésita encore ; enfin cela fut accordé. Le couple monta l'escalier. Le lord demande s'il y a de l'indiscrétion à se reposer un instant. — Il n'y a pas d'indiscrétion. — Une femme de chambre annonce que le déjeuner est servi. Quel déjeuner ! Un luxe de plats et de vins à réjouir tous les épicuriens de la chambre des lords ! Quelle admirable occasion de faire une étude de mœurs françaises ! il ne faut pas la perdre ! On cause, on rit, on boit, on rit plus fort, on boit toujours. L'étude marche bien. Le déjeuner dure quatre heures. Il n'y a pas de poitrine anglaise assez forte pour résister à quatre heures de Madère, de Champagne et de Porto. Le jeune observateur ne peut soutenir sa tête, et la laisse tomber sur le coussin d'un sopha. Combien de temps dura le sommeil lourd du convive repu et trop désaltéré, on n'en sait rien ; mais voici ce qu'on sait. Le lord, en se réveillant, a trouvé le salon vide, et son portefeuille plus vide encore que le salon. En vrai gentilhomme, le jeune Anglais n'a exhalé aucune plainte incivile ou judiciaire ; il a été satisfait de son étude et a raconté gaiement son histoire à ses amis, en leur donnant un thé à l'hôtel de la Terrasse, rue de Rivoli.

FIN DES CAUSERIES.

EN VENTE

OEUVRES COMPLÈTES D'EUGÈNE SCRIBE (de l'Académie française).

Piquillo Alliaga. 25 livraisons. Prix, broché.	5 f. »» c.
Carlo Broschi. 4 liv.	90
La Maîtresse anonyme. — La Conversion. — Le jeune Docteur. 3 liv.	70
Maurice. 3 liv.	70
Judith. — Un Ministre sous Louis XV. — Le Tête-à-tête. — Le Roi de carreau. — Potemkin. 4 liv.	90
Le Mariage d'argent. — Les Inconsolables. — La Passion secrète. 4 liv	90
La Grand'Mère. — Rodolphe. — La Haine d'une femme. 3 liv.	70
Adrienne Lecouvreur. 2 liv.	50
Contes de la Reine de Navarre. 2 liv.	50
La Calomnie. 2 liv.	50
L'Ambitieux. — Le Café des Variétés. 2 liv.	50
Bertrand et Raton. 2 liv.	50
La Camaraderie. 2 liv.	50
Le Verre d'eau. — Le Menteur véridique. — Les Grisettes. — Le Valet de son rival. — Le Parrain. 4 liv.	90
Dix ans de la vie d'une femme. 2 liv.	50
Valérie. — Les Indépendants. 2 liv.	50
Les Huguenots. — La Xucarilla. 2 liv.	50
La Muette de Portici. — Le Comte Ory. — Guido et Ginevra. 3 liv.	70
Le Lac des Fées. — Le Philtre. — Les Martyrs. 3 liv.	70
Robert-le-Diable. — Le Serment. 2 liv.	50
La Juive. — Le Fils de Cromwell. 3 liv.	70
Les Diamants de la Couronne. — Ne touchez pas à la reine. 3 liv.	70
Giralda. — Concert à la cour. 2 liv.	50
La Dame de pique. — La Chambre à coucher. 2 liv.	50
Le Prophète. — L'Enfant prodigue. — Ali-Baba. 4 liv.	90
Gustave III. — Le Dieu et la Bayadère. 2 liv.	50
La Part du Diable. — La Sirène. 3 liv.	70
Le Domino noir. — Haydée. 3 liv.	70
La Dame blanche. — Polichinelle. 2 liv.	50
Lestocq. — Les Treize. 3 liv.	70
La Reine d'un jour. — Le Châlet. — Actéon. 3 liv.	70
Une Chaîne. — La Protégée sans le savoir. — Le Confident. 4 liv.	90
Oscar. — Le Fou de Péronne. — Une Nuit de la garde nationale. — L'Auberge. 3 liv.	70
Le Puff. — La petite Sœur. 3 liv.	70
Le Mariage enfantin. — Le Ménage de garçon. — Partie et Revanche. 2 liv.	»» f. 50 c.
Bataille de Dames. — L'Artiste. — Michel et Christine. 3 liv.	70
Philibert marié. — Mémoires d'un Colonel de hussards. — Le Nouveau Pourceaugnac. 2 liv.	50
La Demoiselle et la Dame. — L'Intérieur de l'étude. — Geneviève. 3 liv.	70
Avant, Pendant et Après. — Le Charlatanisme. 2 liv.	50
La Bohémienne. — Les Adieux au comptoir. 2 liv.	50
Le plus beau jour de la vie. — La Charge à payer. — Le Baiser au Porteur. 2 liv.	50
Japhet. — Le Bal champêtre. — La Jarretière de la Mariée. 2 liv.	50
L'Héritière. — Le Château de la Poularde. — Farinelli. 2 liv.	50
La Lune de miel. — La Demoiselle à marier. 2 liv.	50
Le Diplomate. — Le Mariage de raison. 2 liv.	50
La Marraine. — Coraly. — Le Solliciteur. 2 liv.	50
Malvina. — Madame de Sainte-Agnès. 2 liv.	50
Zanetta. — La Marquise de Brinvilliers. — La Vieille. 3 liv.	70
L'Ambassadrice. — Le Cheval de bronze. 3 liv.	70
Les Deux Nuits. — Léocadie. — La Médecine sans Médecin. 3 liv.	70
Fra Diavolo. — La Fiancée. — La Neige. 4 liv.	90
Le Maçon. — Fiorella. — Leicester. 3 liv.	70
La Favorite. — Le Soprano. — Le Concert. — La Famille Riquebourg. 4 liv.	90
Le Vieux Mari. — Yelva. 2 liv.	50
La Chatte métamorphosée en femme. — Les deux Précepteurs. — Simple Histoire. 2 liv.	50
Théobald. — L'Oncle d'Amérique. — Les deux Maris. 2 liv.	50
Les Moralistes. — La Belle-Mère. — Le Médecin de Dames. — Les Aventures de Jonas. — Une Visite à Bedlam. 4 liv.	90
Les Élèves du Conservatoire. — La Volière du Frère Philippe. — La Manie des Places. — Le Mystificateur. — La Quarantaine. — Caroline. 4 liv.	90
L'Ennui. — Les Manteaux. — Les Empiriques d'autrefois. — L'Ambassadeur. 3 liv.	70
La Somnambule. — Frontin, mari-garçon. — Le Secrétaire et le Cuisinier. — Le Colonel. 3 liv.	70

OEUVRES COMPLÈTES DE MÉRY.

Le Dernier Fantôme, 4 livraisons. Prix : broché, 90 c.
Voisins et Voisines, 2 livraisons. Prix : broché, 50 c.
L'Ame Transmise, 2 livraisons. Prix : broché, 50 c.
La Floride.

La Guerre du Nizam.
La Comtesse Hortensia.
Le Bonnet Vert.
Un Amour dans l'Avenir.
Un Mariage de Paris.

OEUVRES D'HOFFMANN.

CONTES FANTASTIQUES, précédés d'une Notice sur la vie et les ouvrages de l'auteur, par Ancelot (de l'Académie française). En vente, 1re et 2e partie. Prix : broché, 2 fr. 10 c.

SOUS PRESSE

OEUVRES DE MÉRY.

LA VIERGE AU VATICAN.

OEUVRES DE CLÉMENCE ROBERT.

LES MENDIANTS DE PARIS.

DIANE DE POITIERS.

EUGÈNE DE MIRECOURT.

LAGNY. — Typographie de VIALAT et Cie.

www.ingramcontent.com/pod-product-compliance
Lightning Source LLC
LaVergne TN
LVHW052110090426
835512LV00035B/1461